AF470380

LAMARTINE

et ses nièces

CORRESPONDANCE INÉDITE

publiée par

le comte de Chastellier

PARIS

Librairie Plon

1928

LAMARTINE
ET SES NIÈCES

Au cou de l'aînée, Alix, leur frère Emmanuel, à sa droite Célénie.
En bas, de gauche à droite : Valentine, Cécile et Alphonsine.

LAMARTINE

ET

SES NIÈCES

CORRESPONDANCE INÉDITE

PUBLIÉE PAR

LE COMTE DE CHASTELLIER

Avec quatre portraits et un fac-similé hors texte.

PARIS

LIBRAIRIE PLON

LES PETITS-FILS DE PLON ET NOURRIT

IMPRIMEURS-ÉDITEURS — 8, RUE GARANCIÈRE, 6e

AVANT-PROPOS

Si dans sa jeunesse Lamartine chercha le bonheur loin de ce qu'il nommera un jour « nos délices de terres », c'est-à-dire Milly, Saint-Point et Monceau, cependant son cœur resta toujours étroitement rivé à sa famille, et aux lieux, où s'écoula son enfance. Les amours passagères, qui parfois troublèrent sa vie, ne portèrent jamais la moindre atteinte à ses affections familiales, qui restèrent pour lui intangibles et sacrées. L'admiration qu'il ressentait pour l'Italie lui fit bien commettre quelques légères infidélités à la Bourgogne, mais elles furent magnifiquement vengées par le chef-d'œuvre de « Milly ou la terre natale » composé à Florence même, la ville des fleurs, aux trésors artistiques sans nombre, à la nature idéale sous un ciel divin, dont les attraits et la douceur d'y vivre ne primèrent pas le regret des monts arides et rocailleux, qui forment le triste paysage de Milly.

Par atavisme, il aimait la terre, ainsi que tous les Lamartine, grands propriétaires terriens ; et puis celle de son pays natal lui parlait de son enfance heureuse, auprès d'une mère incomparable, qui, d'un pauvre hameau perdu dans les montagnes, avait su faire à ses enfants l'endroit le plus cher à leur cœur, parce que son souvenir s'y rattachait en chaque chose. Aussi aucun des jours glorieux de l'existence de Lamartine ne lui rendra les joies paisibles et délicieuses des premières années de sa vie, pas plus qu'aucune affection, quelque profonde et dévouée qu'elle soit, ne pourra combler le vide de l'infinie tendresse maternelle disparue, qui le laissa seul, car seule sa mère possédait une âme semblable à la sienne et un esprit comparable au sien. Après sa mort, bientôt suivie de celle de sa fille, tout espoir de bonheur s'évanouit pour lui. Une femme inconsolable, un foyer désert, plus rien à espérer, tout à regretter, tel lui apparaissait l'avenir. Cette grande détresse morale émut sa sœur, Mme de Cessiat, suffisamment riche en enfants pour pouvoir se montrer généreuse. Elle *prêta* à son frère ses deux dernières filles : Cécile et Alphonsine, des jumelles, pour qu'il les emmenât à Paris passer les hivers avec lui, et qu'il eût ainsi une diversion à son chagrin et un peu de gaieté autour de lui.

Elles étaient à peu près de l'âge de Julia, dont l'une des dernières lettres — si ce n'est la dernière (1) — adressée à sa chère Phonsine (Alphonsine) lui racontait longuement les plaisirs que lui procurait ce voyage en Orient, qui allait marquer le terme de sa courte vie.

« Papa est arrivé dimanche le 4 en bonne santé de

(1) Sa lettre, dont nous respectons l'orthographe, est datée du 8 novembre, Julia mourut le 6 décembre 1832.

Jérusalem, écrivait-elle ; il vient de nous raporter une grande cantité de chevaux, aus cuelles nous avons donné à chaqu'un le nom de l'endroit où il a été acheté. Papa a un charment cheval gris, qu'y s'appelle Liban, maman en a un aussi gris qui s'appelle Allep. »

L'énumération de tous ces chevaux continue... quant au sien — Jéricho — il est encore trop vif pour qu'elle le monte. En attendant elle se sert de Saïda, petite jument douce comme un mouton. « C'est au point que c'est avent-hier que je l'ai monté pour la première foi et qu' j'ai pu la tenir toute seule et que quant elle voyet le cheval de papa qui était à côté d'elle partire au grand galop elle n'en bougais pas plus pour cela.

« Maman a comandé pour moi une selle comme la siene qui sera faite d'ans huit jours je vais ausi lui acheter une jolie bride.

« Je vais me faire faire un joli écritoire en argent comme le porte les Arabes ; ils ont une très drôle de forme. Je vais ausi me faire faire des petites machines, que porte les femmes arabes, pour arrêter leurs tresses de cheveux. »

Fantaisies d'une enfant adorée, à qui tout est accordé. En tête de cette lettre, qui est fort illisible, Lamartine avait écrit. « Tâchez de lire, nous l'avons bien grondée. » Nous n'en croyons rien ! Son cœur plein d'indulgence et de bonté pour tout le monde n'était que tendresse et faiblesse pour ceux qu'il aimait. Il gâtait outrageusement sa fille et il en sera de même plus tard pour ses nièces.

Avec Cécile et Alphonsine, il pouvait donc évoquer le souvenir de Julia ; elles lui furent une consolation, et avec leurs trois sœurs, un intérêt et un but dans l'avenir. Grâce à ces jeunes filles, ses demeures ne restèrent pas solitaires et silencieuses, sans joies et sans sourires. Il ne retrouva l'isolement moral qu'il appréhendait et dont il souffrait mortellement qu'à Paris, tandis que le *tout Paris* remplissait ses salons, lorsque les petites jumelles n'y vinrent plus, et que Valentine, leur aînée, ne les eut pas encore remplacées (1). Ces nièces étaient les filles de sa sœur Cécile. Mariée en 1813 à M. de Glans de Cessiat, devenue veuve en 1827, Mme de Cessiat n'avait pas tardé à quitter Saint-Amour, la petite ville de Franche-Comté, résidence de la famille de son mari, pour revenir avec ses cinq filles et son fils se fixer à Mâcon, qu'elle avait toujours regretté. Elle s'installa dans l'hôtel familial des Lamartine, qu'elle possédait indivis avec son frère. Aimable, bonne et charitable, elle avait hérité des qualités de sa mère ; son salon succéda au sien — inoubliable — et en continua les traditions d'élégante simplicité, de charme et de bienveillance.

L'été, les Cessiat, habitaient Collonges, propriété faisant partie du domaine de Monceau, et suivaient les Lamartine, lorsqu'ils se rendaient à Saint-Point. Les jours heureux commençaient alors pour Lamartine ; ses nièces l'entouraient sans cesse, inlassables à copier ses œuvres, à l'accompagner à cheval dans

_____

(1) Cela n'eut lieu que près de vingt ans plus tard.

ses longues chevauchées à travers ce pays si plein de souvenirs pour lui, et dont il pouvait entretenir ces jeunes filles comme d'un passé les intéressant aussi. Elles-mêmes appartenaient à ce passé par de fugitives expressions qui, sur leurs traits, faisaient revivre dans sa pensée, par de vagues ressemblances, d'autres visages chéris et disparus. Il les sentait si bien de sa race, et les « plus proches de son sang ». Intelligentes et spirituelles, elles l'égayaient, le charmaient, l'intéressaient. Il les déclara un jour des nièces de génie et, mieux que des nièces, elles devinrent ses amies et ses confidentes. Quant à elles, reportant sur lui l'affection qu'elles auraient eue pour leur père, elles l'admiraient et le vénéraient. Tout un monde de sentiments passait dans ces deux mots : mon oncle, lorsqu'elles les prononçaient.

Absolument dissemblables les unes des autres, les cinq sœurs gardaient chacune une personnalité et un physique différents. Alix, l'aînée, avait de grands yeux noirs admirables de beauté et d'expression, mais elle était trop grande et virile d'aspect. Ardente, généreuse et bonne, d'un caractère difficile, elle amusait par un esprit étincelant, dont l'imprévu et la gaieté contrastaient bizarrement, quand elle eut perdu son mari, avec son inconsolable et très réelle douleur, et les mots quelquefois sublimes, que son chagrin lui inspirait.

Célénie, blonde, fort belle, facile à vivre, paraissait créée pour faire régner autour d'elle la paix et la sérénité.

La troisième, Valentine, éblouissait par l'éclat d'un teint merveilleux, charmait par la grâce d'un délicieux sourire et d'un regard à nul autre pareil.

> Les cygnes noirs nagent en troupe
> Pour voir de près fleurir ses yeux ;
> Le pécheur penché sur sa poupe
> Croit qu'une étoile du saint groupe
> Est tombée en dormant des cieux (1).

Plus tard, cruellement éprouvée, elle devait rejoindre la voie douloureuse où, sans elle, Lamartine aurait cheminé seul et désolé après la mort de sa femme, dont Valentine fut l'héritière, — héritage, pour la plus grande part, de dévouement, de peines et de labeurs — mais celle qui le reçut n'en démérita pas. Adoptée légalement par son oncle, elle rendit plus douce, par sa présence auprès de lui, les rigueurs des dernières années, qui lui restaient à vivre. Elle était bien une étoile tombée des cieux, pour briller à son foyer au soir de sa vie.

Les jumelles, moins imposantes que leurs sœurs, ne manquaient ni d'attraits ni d'esprit. Elles furent les premières à être considérées comme « enfants de la maison » par les Lamartine, grâce à leurs séjours chez eux à Paris, et gagnèrent ainsi en importance malgré leur rôle effacé de cadettes. Sérieuses et pieuses comme des anges, toutes ces jeunes filles, sous des apparences brillantes et mondaines, gardaient des âmes pures et religieuses. Auprès d'elles, Lamartine se retrou-

(1) *La Fleur des eaux*. Dédiée à Valentine par Lamartine.

tâchés de lire. nous t'avons bien grondée. jeudi 8 nov.

Ma chere phonsine

tu seras ettonée je pense de recevoir deux lettres
de moi d'une datte si differente en même
temps c'est que j'ai ecrit l'autre pensant
que le batiment allait partir tout de
suite mais comme il n'est pas encore
parti j'en profite pour t'ecrire encore

Papa est arrivé dimanche le quatorze en
bonne santé de jerusalem monsieur de la
rogere etait resté un peu malade a nayide
pendant un jour ou deux et monsieur
de parseval etait resté pour lui tenir
compagnie mais apresent ils sont tous
ici.

Papa vient de nous raporter une grande cartite
de chevaux aux quelles nous avons donné
a chaqu'un le nom de l'endroit ou il a eté
acheté. papa a un charmant cheval gris
qui y s'apelle liban maman en a un autre
gris qui s'apelle alep un que papa
a acheté à la phontaine d'alcantara s'apelle
alcantara une petite jument baye

ALPHONSINE ET CÉCILE DE CESSIAT
Par Mme DE LAMARTINE.

vait dans l'ambiance, qui lui plaisait, celle de sa famille, celle même des paysages préférés, car dans la nature il admirait l'œuvre de Dieu et ne l'en séparait pas. On l'a accusé à ce propos de panthéisme, ce dont il s'est défendu d'une façon claire et absolue. Croyant et *pratiquant* il s'entretenait de Dieu avec ses nièces, priait avec elles, soit dans la petite église de Saint-Point, soit dans la chapelle du château de Monceau, et c'est devant cette assistance charmante et recueillie qu'il pouvait se dire *religieux comme l'air est transparent* (1).

Dans une pareille harmonie de sentiments et d'impressions, les heures passaient légères et rapides. Seule, peut-être, Mme de Lamartine souffrait-elle : une mère n'oublie jamais. Le souvenir de Julia devait hanter sa pensée et son cœur, et quand elle voyait la place de sa fille occupée par d'autres jeunes filles, elle se la représentait sans doute, ainsi qu'elle serait devenue, si la mort ne l'avait enlevée, non moins belle, heureuse et aimée que ses cousines. Admirable et stoïque, pas un mot ne passa sur ses lèvres révélant sa douleur. Tendrement liée à ses belles-sœurs, vivant en grande intimité avec Mme de Cessiat, elle fut toujours la meilleure des tantes pour ses nièces, les aimant, s'occupant d'elles, de leurs plaisirs et de leurs toilettes, car la froideur de sa nature, plus apparente que réelle, était largement compensée par la grandeur et la générosité de son âme. Sa part de bonheur en

(1) Préface de *la Chute d'un ange.*

ce monde fut submergée par celle de ses malheurs. Que comptent en effet les jours enivrants d'Ischia si vite écoulés, à côté de la perte de ses enfants? Et pour les années glorieuses vécues par Lamartine et dont elle a été la première à jouir, combien d'autres suivirent, rapidement décevantes, sombrant dans la tristesse, les soucis et l'ingratitude ! Mais heureuse ou malheureuse, Mme Alphonse de Lamartine reste une douce et noble figure, et un bel exemple de courage et d'abnégation, qui ne trouva un peu de consolation qu'en se prodiguant au soulagement des malheureux.

En 1837 eut lieu le mariage de Célénie de Cessiat avec le baron de Belleroche et l'année suivante celui d'Alix avec le comte Léon de Pierreclos. Cette dernière union ne dura que trois ans d'un bonheur parfait, complété par la naissance d'une fille qu'on nomma Léontine. Alix eut la douleur de perdre son mari le 25 juillet 1841 et resta en proie à un tel désespoir qu'elle augmenta la tristesse et les préoccupations de sa mère déjà très tourmentée de l'état de santé de Cécile, qui, toujours d'un tempérament délicat, se trouvait beaucoup plus souffrante depuis quelque temps. Pour la soustraire aux rigueurs de l'hiver, Mme de Cessiat se décida à aller faire un séjour à Nice et persuada à Mme de Pierreclos d'y venir aussi et d'emmener sa fille, faible et chétive enfant à laquelle un climat plus doux ne pouvait qu'être favorable. Seule de toutes ses sœurs, Célénie ne fit pas partie de ce voyage.

Nice paraissait à cette époque une ville lointaine.

La route pour s'y rendre était longue et la saison mauvaise pour l'entreprendre, surtout avec des malades. Les Lamartine virent partir leurs chères voyageuses avec inquiétude. Ils demandèrent instamment à Valentine et Alphonsine de leur donner le plus souvent possible de leurs nouvelles ; elles seules avaient le temps et la faculté de pouvoir le faire. Valentine assuma la charge de secrétaire pour toute sa famille. Dans la suite, Alix eut aussi une correspondance assez suivie avec son oncle, qui serait fort intéressante à connaître mais qui reste cachée, car il est peu probable qu'elle ait été détruite. C'est donc à partir du mois de janvier 1842 que datent les premières lettres de Lamartine à ses nièces. La plupart sont adressées à Valentine et destinées aussi à ses sœurs. Surchargé d'affaires, accablé de travaux et de responsabilités, il trouvait un délassement et un repos d'esprit en déversant son âme dans celle des ces jeunes filles qui l'aimaient et le comprenaient et dans lesquelles il pouvait se confier entièrement. C'est l'hiver, qui correspond avec le printemps, mais quel hiver ! *Gardant jusqu'au tombeau la jeunesse inextinguible de l'âme, qui pense, qui prie, qui rêve, qui espère, qui se fond dans le cœur de la sublime nature* (1).

Pour la clarté de cette correspondance, disons qu'à cette époque Lamartine comptait encore dans sa famille deux vieilles tantes : la comtesse chanoinesse de Lamartine du Villard et la baronne Carra de Vaux,

____

(1) Lettre du 25 avril 1846.

née des Roys. Il avait trois sœurs : Mme de Cessiat, la baronne de Coppens d'Hondschootte et la comtesse de Ligonnès ; cinq neveux : Charles de Montherot et Xavier de Vignet, fils de ses deux sœurs, Suzanne et Césarine, décédées en 1824 ; Charles de Ligonnès, Auguste de Coppens et Emmanuel de Cessiat. Comme nièces : Alix de Vignet, Amélie, Hélène et Marie de Ligonnès s'ajoutaient aux Cessiat.

LAMARTINE ET SES NIÈCES

(CORRESPONDANCE INÉDITE)

1842

Paris, 3 janvier 1842.

Ma chère Valentine,

Nous avons reçu votre lettre de Marseille au moment de votre embarcation. Vous nous demandez un mot à Nice, le voilà. Nous vous suivons des yeux, et de toutes nos inquiétudes, dans ce long et pénible voyage à travers l'hiver. Nous sommes bien enchantés que toutes vos malades supportent si bien les fatigues de votre course, c'est d'un bon augure pour le printemps. Quant à moi, je voudrais bien être avec vous, au lieu de m'ennuyer et de m'attrister ici, où je n'ai rien à faire cette année. Vous avez su comment mon élection adoptée par l'opposition et repoussée par mes amis naturels, a manqué par l'absence de cent quarante députés qui étaient de mon côté ; depuis ce jour je suis

I

placé dans une situation que je désirais, c'est-à-dire l'espérance des oppositions, le regret et la peur du parti ministériel. Comme je veux qu'il n'y ait apparence de ressentiment personnel, je suis con damné à la réserve et au silence pendant bien de mois. Je vais faire ma session avec les chênes du bois de Boulogne ; d'ici à huit mois, je vais être, et je suis déjà l'homme de tous les journaux autrefois mes ennemis. A l'ouverture de la prochaine Chambre, tout le monde m'offre la présidence, mais d'ici là, ceux qui me l'offrent et moi, nous serons peut-être bien séparés. Tu expliqueras cela à ta maman, car ma politique l'ennuyerait ; en tout, dis-lui que je suis content, et que la manœuvre que j'ai faite d'être séparé du ministère sans qu'il y eût de ma faute, était ce que je voulais.

Nous vivons tristement, nous ne voyons guère de monde, j'aimerais mieux Monceau. J'espère y retourner à la fin de mars. Je ne pense qu'à mes vignes, à mes prés, quand je ne suis pas très occupé à Paris. J'ai pris Paris en horreur. Votre tante s'y plaît davantage à cause de ses bonnes œuvres. Elle me charge de vous écrire pour elle aujourd'hui. Elle vous écrira quand elle vous saura arrêtées, mais ne vous arrêtez pas trop longtemps à Nice. Allez voir un coin d'Italie au moins avant de revenir. L'année prochaine, je vous offrirai vraisemblablement un palais ici.

Dis à ta maman que si elle a besoin de quoi que ce soit en Italie, argent ou autre chose, de m'écrire. Je lui ferai vite tout parvenir.

Adieu, ma chère Valentine et ma chère Alphonsine, et toutes celles qui seraient encore avec vous. Nous vous embrassons bien tendrement, et j'espère que nous serons déjà à Mâcon pour vous embrasser à votre retour. Adieu encore, écrivez souvent.

LAMARTINE.

7 février 1842.

Marianne, qui est très occupée ce matin, me charge de tenir encore la correspondance, mes chères enfants. Nous étions bien en peine de vous, et nous craignions qu'il vous fût arrivé quelque malheur, ou bien nous pensions que vous étiez embarquées pour Florence, et retenues en mer par le mauvais temps ; une autre fois ne nous laissez donc pas si longtemps sans nouvelles, et puisque toi, Valentine tu t'es chargée d'être le secrétaire de toute la maison malade, remplis plus souvent tes fonctions. Nous espérons que le beau temps qui se fait sentir ici doit être un printemps au bord de la mer, et ranimera vos trois jeunes malades. Qu'allez-vous faire le mois prochain? Ici rien de nouveau, nous nous ennuyons beaucoup de la Chambre et du monde indifférent. Je crois que je vais prendre part, deux ou trois fois, à quelques belles discussions politiques, et puis je me tairai et m'en irai à Monceau passer le mois d'avril tout seul. Je reviendrai ensuite passer le mois de mai à Paris. Je voudrais bien que vous fussiez de retour à cette époque. Cependant je ne suis pas assez égoïste pour ne pas préférer même au plaisir de vous revoir toutes, celui que vous aurez à parcourir un peu l'Italie.

Dites à votre maman que j'ai une lettre de M. Dubois qui me dit des merveilles de votre frère comme caractère, intelligence et travail ; cela est merveilleux d'admiration.

Auguste et Charles (1) sont ici, l'un invisible, et l'autre toujours au bal et très bon et gentil garçon. Nous attendons Mme de Coppens (2) dans peu de temps. Je pense plus sérieusement que jamais à donner ma démission de la Chambre et à rentrer dans l'indépendance. Je ne sais alors ce que je ferai, et si j'irai encore en Orient, cela dépendra de la fortune et d'autres considérations de situation qui me gouverneront. J'écrirai, je pense, pour me consoler de ne plus parler. La

______

(1) **Ses neveux,** Auguste de Coppens d'Hondschootte et Charles de Montherot.

(2) Eugénie de Lamartine, baronne de Coppens d'Hondschootte, sa sœur.

Chambre est tombée ici au dernier degré de cor-
ruption et de mépris. Tout le monde m'offre la
présidence l'année prochaine, mais que je me retire
ou que je reste, je suis irrévocablement décidé à ne
pas l'accepter ; il y aura des élections générales
au mois de juin prochain ; si je ne me laisse pas
renommer, je ne sais pas qui je porterai à ma place
à Mâcon. Marianne est entièrement absorbée dans
ses établissements de charité. Je ne la vois presque
pas, et je ne vois personne, excepté le samedi où il
passe devant nous une revue rapide de ce qu'on
appelle des amis à Paris, c'est-à-dire les figures les
plus indifférentes du monde. Je passe ma journée
enfermé seul dans mon cabinet, avec mes livres et
mes chiens. Jamais je n'ai vécu si solitaire et si
triste depuis vingt ans, et la tristesse de Paris n'a
pas les consolations de la tristesse de la campagne,
où au moins on a les entretiens avec la nature, les
montagnes, la mer, les chevaux, les chiens. A
propos de la mer, j'espère qu'elle vous enivre et
que vous rapporterez les beaux souvenirs qu'elle
laisse à ceux et à celles, qui y ont une fois trempé
leurs pieds. Pour moi il n'y a pas de nature sans la
mer. J'espère aller lui faire une visite cet été,
ne fût-ce que de quinze jours, en Corse ou ailleurs.
Priez votre maman de vous prêter à nous pour
ce temps-là, à moins que vous ne soyez lasses
de mer et de voyages, et que vous n'aimiez mieux

l'ombre des marronniers ou le coin du feu de Monceau.

Adieu, mes chers enfants, je vous embrasse avec votre maman de tout mon cœur. Écrivez-nous souvent.

LAMARTINE.

Lundi, 22 février 1842.

Nous avons reçu ta lettre, ma chère Valentine. Nous commencions à t'accuser de négligence. Pourquoi parles-tu de discrétion? Nous n'avons, Marianne et moi, rien au monde qui nous intéresse autant que les lettres de Nice et les nouvelles de vos pauvres malades de cœur et de corps. Je vois que tout est dans le même état. Je n'ai jamais bien espéré de Nice, mais je ne doute pas que les bains de mer au mois de juillet n'améliorent l'état de Cécile. J'y serai aussi vraisemblablement alors pour mon propre compte, les fatigues de la session me rendront bien nécessaire quelques courses et quelques bains.

Je vous ai envoyé deux de mes discours (1). L'opposition me couvre d'éloges pour le moment. Je t'envois pour ta maman des vers à moi dans la

(1) Celui du 11 février sur les fonctionnaires publics, et celui du 15 février sur l'adjonction de la liste départementale du jury.

Gazette même ; ainsi jugez des autres, mon nom est dans vingt colonnes de journaux comme symbole du vrai libéralisme, la réaction est toute prononcée pour moi, mais vous savez que je ne veux pas en profiter pour le ministère avant bien du temps encore. Quant à la présidence, je ne la veux à aucun prix.

Marianne va mieux, je viens de la mener au bois de Boulogne pour sa première sortie. Elle a, et moi aussi, un bien grand chagrin de cœur de la mort de ce bon et admirable M. Guillarmordet. Il s'est éteint la nuit dernière en parlant encore de nous. Je ne m'en consolerai jamais. Oh ! que la vie est triste ! Et cependant le devoir est de l'accepter et de la garder jusqu'au bout. Il faut que ceux qui y restent s'aiment et se soutiennent entre eux, à la place de tous ceux qui sont dans une meilleure patrie. J'ai bien besoin moi-même de me rappeler ce que ma mère m'a toujours dit à ce sujet, sur le devoir de l'espérance et sur la Providence, pour résister aux dégoûts et aux tristesses que j'éprouve, même au milieu de ma vie si bruyante et si dilapidée, à plus forte raison les autres qui ont plus de temps, non pour sentir, mais pour penser à leurs pertes et à leurs chagrins.

Dis à ta maman que nous n'entendons plus parler d'Auguste depuis un mois, nous voyons Charles souvent. Nous avons fermé notre salon des samedis depuis trois semaines. Le soir il vient un ou deux amis ; le matin, des audiences sans fin, politiques pour les chemins de fer dont je suis commissaire ; le jour, cinquante lettres, les bureaux, la Chambre ; quand je peux avoir deux heures, je vais seul à cheval au bois de Boulogne causer avec les arbres et avec Ali. Je voudrais bien vous avoir comme autrefois Alphonsine et Cécile. Pourquoi grandissez-vous et vieillissons-nous? La maison était bien plus vivante et moins sombre, quand vous étiez toutes comme à Saint-Point ou à Monceau.

Je pense aller à Mâcon passer trois semaines, quand les chemins de fer seront finis, à la fin de mars ou la fin d'avril. Vous n'y serez pas encore peut-être.

Je tâcherai pourtant de ne pas repartir sans vous avoir revues et embrassées toutes.

Adieu, priez bien le bon Dieu pour nous, et pensez à nous comme nous pensons à vous ; Marianne et moi en parlons tous les jours.

Adieu encore, ma chère Valentine, je t'embrasse bien tendrement pour que tu le rendes à ta maman et à tes sœurs. Quand tu es paresseuse, fais-nous écrire par le suppléant Alphonsine.

LAMARTINE.

10 mars 1842.

J'ai reçu aussi un mot de toi, ma chère Valentine, et je veux y répondre quelques lignes pour enlever tout prétexte à ta paresse. Tu as pris le mot au sérieux, ce n'était qu'un badinage, une provocation pour vous forcer à nous écrire plus souvent, car en vérité nous n'avons de consolation que les jours où nous recevons de vos nouvelles. Nous sommes si ennuyés, si seuls et si tristes, et nous n'avons pas comme vous les bords de la mer, les vagues, les voiles, le sable, le ciel bleu et le soleil pour causer avec eux. Nous n'avons que la boue du ruisseau des rues, et les arbres nus, et les nuages gris du bois de Boulogne ; encore les heures où je puis y aller se comptent bien courtes par semaine et bien rares. J'aime mieux le bois de Saint-Point.

LAMARTINE.

22 mars 1842.

Cette fois-ci, ma chère Valentine, nous ne te gronderons plus de ta paresse. Tu nous donnes bien exactement des nouvelles de ta famille, mais mon Dieu ! qu'elles sont tristes ! De notre côté, elles ne le sont guère moins, car nous sommes sans cesse de cœur avec vous et nous ne saurions avoir de distraction gaie en songeant à votre situation et à la pauvre Cécile. Le temps nous dure horriblement d'un courrier à l'autre, et surtout de nous retrouver plus près de votre pauvre maman. Informez-nous bien souvent de ce que vous faites et de ce que vous ferez. Pour moi, je comptais aller ces jours-ci passer une quinzaine de jours à Monceau, pour voir ma tante (1) et veiller à mes plantations. Mais la commission des chemins de fer, que je préside, n'aura pas fini si tôt que je l'espérais, et si je puis m'aller reposer quelques semaines, ce ne sera plus qu'en avril. Le temps est redevenu bien froid et bien humide ; nous sommes de nouveau assez souffrants, Marianne et moi. La maison est profondément triste, nous aurions bien besoin de vous, pour y jeter un peu de mouvement, d'intérêt et de vie. Il est bien plus ennuyeux de regarder les murs noirs et le ciel gris de Paris, que le bleu de la mer, qui est sous vos fenêtres, et le soleil chaud, qui vous fait rentrer. Nous ne voyons les heures de retourner à Saint-Point.

Si ta maman n'est pas revenue du Midi alors, j'espère bien que nous irons nous-mêmes, passer deux ou trois mois aux bords de la Méditerranée, ici ou là, peu importe, et si vous vous trouvez bien à Nice, nous vous prierons de nous y arrêter un logement, avec jardin et possibilité d'y avoir des

(1) La chanoinesse comtesse du Villard, une des sœurs de son père.

chevaux de selle. J'en achète un beau gris ces jours-ci, et je l'envoie à Mâcon m'attendre. Ali est toujours excellent, mais je me précautionne contre son âge trop avancé. Vous le monterez, vous qui êtes plus légères.

Je ne fais rien du tout que d'ennuyeux calculs de chemins de fer. J'écris seulement quelques vers le matin sur la loterie de votre tante. Mais j'espère écrire cet été. Je rembourse ma tragédie et ne la fais pas jouer, cela irait trop mal avec mon rôle politique. Je m'en vais faire les *Pêcheurs*, ces deux années-ci, si Dieu me les donne saines et libres ; après cela, plus rien en vers. On ne chante pas à toutes les saisons. La mienne s'obscurcit et s'attriste trop pour faire autre chose que soupirer, prier et aimer le peu de personnes, qui restent à aimer, en avançant dans la vie.

Adieu, ma chère enfant, nous vous embrassons bien tendrement toutes, et toi en particulier, pour nous écrire si bien et si fidèlement.

LAMARTINE.

Paris, 5 avril 1842.

Je n'ai pas pu te répondre hier, ma chère Valentine, j'écrivais à ta sœur (1) ; mais je te réponds

(1) Sans doute Mme de Pierreclos.

aujourd'hui, pour bien prouver que vos lettres nous intéressent vivement, et empêcher que le secrétaire ne se dégoûte de ses fonctions. Nous sommes plus en peine de vous que vous ne pouvez le croire, tellement que ta tante se prépare réellement à partir pour Nice et aller vous voir, si vous n'écrivez rien de mieux d'ici quelques jours. Tous nos arrangements sont faits. Elle a avancé sa loterie qu'on tire jeudi, pour ne rien laisser en arrière que moi. Et moi cependant, je serais bien heureux de quitter Paris, pour aller au secours de ta pauvre maman, et de vous toutes. Mais tant que la présidence du chemin de fer porte sur moi, il y a absolue impossibilité à quitter, il y en a encore pour un mois environ ; après cela, sauf un jour ou deux, je serai libre et je ne perdrai pas mon temps ici. Nous sommes aussi en peine de toi, d'après ce que M. de Haut nous a dit hier. Si tu avais besoin de changement d'air, ta tante pourrait te ramener à Mâcon ou à Paris avec elle ; c'est du moins sa pensée. Les maux d'estomac n'aiment pas le chaud et la Méditerranée. Soignez-vous bien pour vous et pour nous, qui n'avons que vous.

Nous n'avons pas reçu hier samedi, tant nous étions en peine de vous toutes, et fermons la maison jeudi. Aujourd'hui nous avons M. de Haut à dîner et quelques amis intimes.

Votre tante n'est guère mieux portante que vous

et moi, et Nice lui serait aussi utile à elle-même. Mes projets à moi les voici : partir d'ici le 15 mai au plus tard, rester quelques jours à Monceau et repartir immédiatement pour le Midi, Marseille, Nice, Hyères, la Corse, peu importe, de l'air, du repos, de la mer et du soleil ! Tout pour les lieux dépendra de ta maman.

Je ne fais rien que des affaires odieusement fastidieuses. Des audiences de maires et de députés des villes et villages de France. Jamais je ne me suis tant ennuyé que cette année. Si vous êtes tristes là-bas, nous le sommes bien plus ou bien autant ici. J'ai griffonné quelques vers, seulement un jour, que j'ai envoyés en épreuves à Alix et à vous. On les a bien reçus à Paris, mais c'est une goutte d'eau parfumée dans une mer de prose et d'ennuis.

Ta tante me charge de vous demander si nous trouverions quelque chose d'agréable à habiter au frais, près de la mer, et un peu campagne, avec nos chevaux de selle, à Nice? Donne-moi des informations précises, avec le prix là-dessus.

A propos de chevaux, je viens d'acheter (2 600 francs) une *charmante, jeune et belle jument grise, anglaise,* dont je suis éperdument amoureux, comme dans la lune de miel, et que je monte tous les jours. Cela fait quatre jolies bêtes à monter pour votre tante, tes sœurs et toi cet été. Quant à

Ali, il est de plus en plus accompli. Il rajeunit pour vous.

Adieu, mes chers enfants, vite et souvent de vos nouvelles. Ne craignez pas de nous fatiguer. Je n'ai plus que vous de correspondance, que vous au monde, tout le reste se fait par mes deux secrétaires, que je n'aime pas tant que ceux de Nice. Je n'ai au reste aucun reproche à te faire dans tes fonctions, et je t'embrasse bien tendrement, pour te remercier. Embrasse aussi la belle Alphonsine, qui sera bien imposante pour moi, quand je la reverrai.

LAMARTINE.

Mai 1842.

Vous voilà donc arrivées, ma chère Valentine. Je te remercie des nouvelles de Marseille. Ta tante va partir lundi pour aller plus vite vous revoir et vous recevoir. Moi je resterai jusqu'à ce que la question du collège de Mâcon soit traitée et passée à la Chambre. Elle me donne bien des ennuis. Après cela j'irai vous retrouver, et tu peux dire à ma tante, à ta maman, à tes sœurs, à tout le monde que j'en brûle d'envie, jamais je ne me suis tant ennuyé à Paris. Nous sommes bien souffrants, accablés de travail et de migraine. J'ai eu hier un beau triomphe à la Chambre sur M. Berryer en faveur d'Arles (1). Mme de Pierreclos verra que j'ai dû être heureux de rendre à Arles le prix de sa réception et de son enthousiasme.

Adieu, ma chère Valentine, voilà tes fonctions de secrétaire qui vont cesser pour un temps. Je te remercie d'avoir été si exacte et si fidèle, tu n'auras plus qu'une ou deux fois ces ennuis. Vos lettres font tout mon plaisir. Si vous voulez monter à cheval, les unes ou les autres en m'attendant, prenez Ali. Mes autres chevaux partiront bientôt. Adieu encore et un million de tendresses à toi, et à toutes.

LAMARTINE,

21 mai 1842.

Nous sommes uniquement occupés de vous et de l'état de tous vos malades ; rien n'égale notre impatience de partir et de vous revoir toutes. Nous sommes retenus quelques jours encore par deux choses : une petite question d'argent et une discussion du budget, où l'on me supplie d'assister encore quelques séances. Je crois bien néanmoins que cela ne passera pas lundi ou mardi 29 ou 30 mai.

Ta tante Marianne se ressent encore de sa chute.

(1) A propos des chemins de fer.

Elle a bien besoin de repos. Quant à moi, je n'en puis plus de fatigue et surtout d'ennui.

Nous avons loué le château des Aygalades de M. de Castellane, près de Marseille, pour passer l'été, et les bains de mer, et tâcher d'y laisser le reste de la névralgie. Je ne sais quand et comment nous irons. Nous réglerons tout cela, quand nous vous aurons vu.

Adieu, nous vous aimons et vous embrassons bien tendrement toutes. Mille bonnes choses à ma tante, je voudrais qu'elle fût encore à Mâcon, quand nous y arriverons. Je te charge de payer le port de mes malles et paquets, et d'envoyer le tout à Monceau par Revillon, rangé dans le cabinet près du salon (mon ancien cabinet), afin de tout trouver facile à déballer, en arrivant. Pardon de ce rôle d'intendant et surintendant, tu es si bonne que tu descendras à tout cela, sans te fâcher. J'embrasse bien Alphonsine, et la prie de t'aider pour moi. Que voulez-vous que je vous rapporte?

LAMARTINE.

Paris, 28 mai 1842.

Ma chère Valentine,

Nous sommes au comble de la surprise et de la joie du merveilleux rétablissement de la pauvre Cécile. Pour moi je ne m'en doutais guère.

Nous partons après-demain lundi. Fais avertir à Monceau que nous arriverons de jour ou de nuit mercredi, qu'on fasse du feu d'avance, pour sécher les chambres, et tout aérer, et qu'il y ait de quoi manger à tout événement, et à toute heure, la salle de bain aussi à sécher et à préparer.

Ne vous tourmentez pas de nos projets de Marseille, ils sont subordonnés à bien des choses. Embrassez bien ma tante et tout le monde de la famille pour nous. Nous ne nous arrêterons à Mâcon, que si nous y passons le jour, et sans vous réveiller, autrement nous reviendrons vous voir après avoir déballé et dormi à Monceau.

Adieu, ma chère Valentine, à revoir à bientôt et longtemps.

LAMARTINE.

1843

Paris, 1er janvier 1843.

Dis à ta maman et à ma tante, que nous avons fait un bien bon voyage et que nous leur envoyons les plus tendres vœux de bonne année. Nous voudrions bien être encore auprès de vous, pour passer ce jour, qui est le plus beau de l'année, parce qu'il est celui où elle est encore tout en espérances. Embrasse tes sœurs pour nous.

Le mouvement de la vie et les affaires ne nous ont pas encore saisis, et je crois qu'il nous emportera bien moins cette année, à cause de ma situation à l'écart que je vais y garder. Quant au monde, nous n'avons encore vu que la famille, Mme de Vaux, Mme de Pernetty, Charles, Auguste, et tout cela dîne aujourd'hui chez nous avec Mme de Lagrange (1). Tout ce monde vous attend au mois de février ou de mars. Il faut absolument que vous accomplissiez la promesse de quelques semaines

(1) **La** marquise de Lagrange, dont le mari était député de la Gironde.

avec eux et nous. Nous arrangerons notre appartement pour cela. Nous avons tout un quartier pour vous, sans nous gêner en rien. Toute notre société vous espère et se réjouit de vous montrer Paris.

Voici un petit mot pour M. de Champvans, que vous lui ferez remettre vite. Rien d'autre à vous dire ce matin, que le bien tendre attachement de votre tante et de moi. Adieu, ma chère Valentine, nous vous embrassons et nous vous prions de nous écrire souvent.

LAMARTINE.

16 janvier 1843.

Une commission, envoyez chercher M. *Gardié poète!* et dites-lui que sur une lettre de M. Ronot et de lui, j'ai écrit ce matin au ministre pour le recommander avec reproche, et que je pense qu'il doit profiter de cette impression produite, pour écrire à M. Rendu, et au ministre aussi. Je me chargerai de remettre ses lettres, qu'il peut m'adresser.

Maintenant les nouvelles sont les mêmes, si ce n'est que la névralgie reprend, depuis que je suis livré au monde. J'attends ensuite les affaires, mais je me bornerai à faire deux ou trois immenses et énergiques discours, en passant dans l'opposition, et puis à monter à cheval et en voiture avec vous, quand vous serez ici. La saison sera belle de bonne heure, vos appartements bien indépendants seront prêts, vous aurez toutes les ressources pour bien voir Paris en peu de temps, et nous laisserons la Chambre pour les musées et les monuments. Je pense après cela, vers le commencement de mai, revenir à Monceau et aller au Midi ou en Corse, respirer du soleil, ou bien à Saint-Point, car on ne fait pas ce que l'on veut dans ce maudit bas monde, et surtout dans le monde de Paris. Il m'écrase et m'ennuie. Autre commission ! Dis à Mme de Pierreclos de faire venir M. de Champvans et de lui dire que M. Sauzet (1) est venu rédiger avec moi, ce matin, la très belle lettre de renseignements sur lui, qu'il n'ait pas l'air de s'en douter. Je lui présage un bel avenir politique, et je ne doute pas de l'effet décisif.

Voilà bien des commissions ennuyeuses pour une nièce, mais il faut que tu sois mon homme d'affaires, pendant que je suis l'homme de la politique. En ce moment, je suis le *lion* du jour. Journaux, pamphlets, revues, conversations, je fais les frais de tout. Les uns passionnés contre, les autres pour moi, et moi passionné pour Monceau, Saint-Point et pour vous. Prie ta maman de

(1) Ministre de la Justice (1800-1876).

vous amener bientôt aux neiges fondues. Il faut voir Paris au premier printemps.

Embrasse ta maman pour moi, ainsi qu'Alphonsine, tes sœurs et ma tante, et pensez quelquefois à nous, qui ne pensons qu'à vous. Charles (1) est parti pour Pétersbourg. Adieu, je te demande pardon de ce griffonnage et je t'embrasse bien tendrement.

LAMARTINE.

P.-S. — Veux-tu des journaux de musique? Il m'en pleut, et des revues?

Paris, 29 janvier 1843.

Ma chère Valentine,

Je suis dans le coup de feu. Rien depuis 1789 ne peut vous donner une idée de l'émotion et du fanatisme d'opinion publique produite par mon acte et par mon premier discours (2). Députations de jeunes gens, adresses, journalistes venant m'offrir la dictature de leurs feuilles, ateliers où l'on me lit tout haut, lettres innombrables de dévouement, cela ne peut se peindre. Raconte-le à ma tante, à tes sœurs et à M. de Champvans. J'ai touché la corde du pays juste et fort comme

(1) Charles de Montherot.
(2) Discours sur l'adresse. Séance du 27 janvier 1843.

jamais on ne l'avait encore touchée, tout le monde dit : le pays est à lui le jour où il y aura du danger.

Je vais me taire maintenant, cependant je parlerai peut-être encore sur le *droit de visite*, et je perdrai courageusement *pour Dieu* ma popularité enivrante de quelques jours, il m'en tiendra compte. Mais elle reviendra.

Adieu, ma chère Valentine, je sais que tu as passé quelques jours charitables près des malheureux. Dieu aussi t'en tiendra compte. Nous vous embrassons et nous vous aimons bien tendrement.

Pensez bien à nous et priez bien Dieu pour moi. J'en ai besoin au milieu des crises auxquelles il semble m'appeler par une évidente vocation.

Quand vous verrons-nous toutes?

LAMARTINE.

9 février 1843.

Ma chère Valentine,

J'ai reçu ta bonne lettre. Je suis bien content des nouvelles excellentes que tu me donnes de Saint-Point, Monceau et Mâcon surtout, bien heureux de l'effet électoral et politique, que ma situation et mon discours produisent à Mâcon. Mâcon est mon principal écho, c'est là que je dois retentir, c'est là que j'adresse tout. Mâcon est mon juge.

Je suis bien occupé ; hier je suis parti à 8 heures, et rentré à *minuit*. Les conférences politiques sont innombrables pour moi. J'ai maintenant à peu près à moi tous les journaux, excepté *les Débats* et *la Presse. La Nation, la Gazette, le Courrier français, le Siècle*, etc., M. Thiers n'en avait pas tant en les payant. Cela durera jusqu'à ce que je me retourne contre quelque bêtise ou folie de mes nouveaux amis ; à Paris l'opinion presque entière est fanatiquement pour moi. Je suis obligé de me ménager beaucoup maintenant, et je parlerai très peu souvent. Je ne me porte pas mal, je ne suis monté à cheval encore que deux fois, je vous attends pour cela. Je vous ferai voir ainsi les environs de Paris, les jours où je serai libre. Quand comptez-vous venir? J'ai bien des amis politiques ici, mais je n'aime que vous, et mes amis de famille, et de Mâcon. Aimez-nous donc un peu, car toutes nos affections se concentrent de plus en plus dans vous cinq. Embrasse tes sœurs et Alix. Je lui envoie dans ta lettre une lettre de Mme Sand, son adoration. J'ai passé hier deux heures avec elle.

Le parti républicain et le parti légitimiste me demandent à l'envi de les conduire, je m'en garderai bien, comme tu penses, mais ils vont me faire une grande force d'ici à cinq ans, si Dieu me conserve vie, parole et courage. Priez bien pour moi, j'en ai bien besoin. Je suis bien faible, et souvent bien seul, et bien triste. Adieu, ma chère Valentine, pardon de ce griffonnage politique, mais je n'ai de confidentes que vous. Je t'embrasse tendrement.

LAMARTINE.

20 février 1843.

Chère Valentine,

Tâche de faire insérer ce mot de la *Gazette des Tribunaux* par M. Ronot dans *le Saône-et-Loire*, ou dans *le Progrès*, et s'il ne le peut pas, peu importe. C'est un jugement littéraire des avocats.

Je reviens de la Chambre, où l'on m'a remis cela. J'y ai été nommé de la commission des fonds secrets pour le ministère. Cela malgré moi, j'en ai été ennuyé. J'aurai à parler dans cette commission pendant huit jours et ensuite, selon toute apparence, de nouveau à la tribune. Les oppositions sont folles de moi dans ce moment. Je vais jeter un peu de cendre sur leur enthousiasme, parce que je veux la paix et que j'oserai le dire. Raconte tout cela à ta maman, à ma tante, à Alix. Sa dernière lettre est un hymne d'enthousiasme et d'espérance. J'en ai moins qu'elle, moi qui vois de près les éléments de l'édifice. C'est pourri avant d'être employé !

Adieu, je vous quitte avec une grande migraine et deux cents personnes à recevoir ce soir samedi. J'aimerai mieux le coin du feu de Monceau avec vous. Combien je vous regrette ici, et vous aime ! Dis-le bien à toute la maison. Nous n'avons nul plaisir à vous offrir, mais votre tante voudrait vous montrer Paris. Je n'ai presque pas à aller à la Chambre cet hiver. Il y a trois semaines que nous n'y allons plus. Il n'y aura qu'une ou deux grandes occasions. Dès qu'il fera beau, je suis libre de monter à cheval.

Ma tante a dû voir comment les chrétiens d'Orient m'ont adopté pour protecteur contre le gouvernement.

Je vous enverrai demain une ode très belle, qui m'est adressée dans le *Charivari* par ces mêmes hommes, qui me couvrent d'insultes depuis sept ans. Tu la remettras à M. Ronot, pour en faire ce qu'il pourra.

Adieu, mes chers anges, je vous embrasse bien tendrement, votre tante aussi. Aimez-nous un peu, car nous n'aimons plus que vous ; à mesure que la vie s'abrège, elle se concentre en famille, quand la famille vous ressemble.

Je t'embrasse en particulier comme un bon et aimable secrétaire.

LAMARTINE.

P.-S. — Nous recevons ce matin avec bien du chagrin vos deux lettres, qui nous annoncent que vous ne venez pas. C'est bien triste, mais nous espérons être peu à la Chambre cette année. Adieu, mes chers enfants, priez Dieu pour nous.

Nous joignons à cette publication l'ode parue dans *e Charivari,* dont parle Lamartine dans cette dernière lettre ; elle donne une idée de l'impression profonde produite sur le public par son action politique, et du prestige toujours plus grand qui s'attachait à sa personne :

A Monsieur de Lamartine.

Et tu vaincras Satan comme le fils de Dieu.

Adolphe DUMAS.

Pas un journal n'arrive au coin du bois sonore,
Où je vis au milieu d'un bonheur qui s'ignore ;
Aucune ambition n'y trouble les esprits,
Nulle haine de cœur, nul doute des écrits,
On ne s'y mêle pas d'intrigues politiques,
Mais les jours y sont purs, et les nuits extatiques,

Et dans l'oubli de tout, hormis l'oubli de Dieu,
Chacun s'y laisse vivre et se chauffe à son feu.
Que Paris dorme ou gronde — au hameau que j'habite
Il laisse dans sa paix le cœur du cénobite,
Et les mille soucis qu'il sème sous les cieux,
Chez nous pas un ne germe et n'offusque les yeux.

Cependant nous avons l'amour de la patrie,
Nous aimons notre France avec idolâtrie,
Dans nos vœux à genoux, du soir et du matin
Nous demandons au ciel de hâter son destin,
Et sur la grande voie, où lui-même il la pousse,
De lui faire par grâce une pente plus douce.
Voilà notre espérance, et notre rêve d'or,
Et chez nous, ô poète, après tout cela dort.
Tout excepté les noms que le pays écoute,
Excepté votre nom longtemps couvert de doute,
Longtemps cherchant sa fin, ses destinations,
Sa place désignée au sein des nations,
Et qui vient l'autre jour dans un élan sublime
De s'arrêter sur nous, comme Christ à Solime !

Oh ! je le savais bien ; vous n'êtes pas de ceux
Qui bornent quelque part leur essor paresseux,
Et qui dès qu'à ce but leur importance arrive,
Pourrissent au soleil comme l'aigue sur la rive.
Le poète est pareil à l'aigle au vol puissant,
Dès qu'il a pris son vol au ciel éblouissant,
De son aile nerveuse ouvert les avenues,
Au milieu de l'orage attendant dans les nues,
Il monte, il monte, et d'un œil plein de sérénité,
Il mesure d'un coup toute l'immensité,

Et dans l'éther sans fin où tourne notre sphère,
Il ne voit comme Dieu, pas une halte à faire.

Pourtant, vous dirai-je? Un grand chagrin me prit
Et longtemps il roula son fiel dans mon esprit,
Le jour où tourmenté d'une fièvre inquiète,
Je vis sous le tribun s'affaisser le poète ;
Moi votre frère obscur qui vous admire tant,
Et vous porte embaumé dans mon cœur palpitant.

Oh! je suis revenu de cette crainte sombre,
Votre mâle génie en a dissipé l'ombre,
Un jour resplendissant rayonne sous vos pas.
Courage! Il faut marcher! — C'est du seuil de sa tombe
Que votre noble ami, le vieux Chateaubriand,
Voit le peuple affranchi lever à l'Orient.
Maître, n'attendez pas comme a fait ce grand maître.
En avant désormais! Et faites-vous connaître.
Le peuple que longtemps vous avez méconnu
A besoin d'un cœur pur qu'on lui donne tout nu.
Il ne s'explique pas les ruses politiques,
Il marche devant lui dans les sentiers antiques,
Et pour vivre — sondez ce peuple étourdissant —
Il lui faut de l'honneur, et de l'amour au sang.

Vous avez dans le cœur ce levain de ressource,
Cette eau dont il a soif, vous en avez la source,
Donnez-vous donc à lui, qui cherche à se donner
A ce prix, ô poète, il peut tout pardonner.

L. A. BERTHAUD.

15 février 1843.

Paris, 2 mars 1843.

Ma chère Valentine,

Voici d'abord un article de *la Presse* à faire répéter dans *le Saône-et-Loire* précédé du petit mot ci-joint.

Secondement, nous avons reçu et mangé les beaux chapons, bien désolés de les manger seuls. Nous faisions une si grande fête de vous avoir ici au printemps. Nous avions ajourné jusqu'à votre arrivée le magnifique concert, que nous voulions donner, et où vous auriez vu tout Paris célèbre. Je crois que nous l'ajournerons jusqu'à l'année prochaine, puisque nous ne pourrions pas vous en faire jouir. Je pense toujours à aller passer quinze jours à Mâcon, si je ne vois pas de certitude à être rentré aux premiers jours de mai. Cependant cela me paraît bien probable. Je connais mieux mes affaires que le préfet, aucune ne peut me retenir bien longtemps ici.

Je commence à monter à cheval seul, le matin, au bois de Boulogne ; ces jours-ci j'en serai privé parce que j'aurai, je crois, à parler à la Chambre, si la discussion ne tourne pas trop court. Mais comme je n'attaquerai pas personnellement le ministère, je parlerai sans agrément et sans succès d'éclat. Ne me lisez pas.

Après cela, je ne vois que la loi du sucre à discuter pour moi, et comme j'ai grand besoin de repos, j'en irai prendre auprès de vous.

Charles de Montherot est revenu hier de Russie bien portant. En tout, l'hiver est triste ici pour nous, comme pour tout le monde. Voilà les premiers rayons de soleil, qui rendent Paris insupportable. J'aspire aux feuilles des lilas de Saint-Point.

Adieu, mes chers enfants, nous vous embrassons toutes. Mille choses à ma tante. Dis-lui que je la verrai bientôt. Je t'embrasse bien tendrement.

LAMARTINE.

15 mars 1843.

Mon cher secrétaire,

Je viens d'avoir le plus grand succès de tribune qui ait encore eu lieu depuis dix ans. C'est le cri de la Chambre, mon premier fameux discours n'a pas approché de l'effet de celui-ci (1) pour les spectateurs ; au dehors aussi on le trouve plus nourri, plus homme d'État, plus nerveux, c'est un enthousiasme qu'on ne peut rendre d'un côté, et de l'autre une terreur générale.

(1) Sur les fonds secrets. Séances des 3 et 4 mars 1843.

Adieu, j'ai eu hier trois cents personnes. Je me lève bien fatigué, mais bien portant, je vais donner des audiences, puis monter à cheval. Quand je sors, je trouve toujours des jeunes gens et des jeunes demoiselles, pour m'épier à la porte. Depuis quelques jours on est fanatisé littéralement pour moi dans le bas peuple, dans les salons aussi, dans la littérature aussi ; dans la classe moyenne, fureur contre moi inouïe.

Voilà l'état des choses. On dit qu'à Mâcon, et à Cluny on est très animé contre ma situation, et que je ne serai pas renommé. J'en serais bien aise si cela était vrai. A ce sujet, j'ai besoin de savoir *confidentiellement*, par M. Ronot, si M. D... et son journal me nuisent réellement, en ne mettant que des articles contre la politique d'opposition.

Voilà deux articles du *National* et de la *Phalange* sur hier ; — remettre à M. Ronot, et lire à ma tante.

Notre concert aura lieu le 15. Cinq cents personnes seront invitées. Combien nous vous regrettons ! Cela vous aurait amusé. Je n'ai plus de politique à faire cette année, je serai libre de bonne heure après les *sucres*.

Adieu, mon cher secrétaire, embrasse tes sœurs, et mille tendresses à tous et à toi.

LAMARTINE.

25 mars 1843.

Chère Valentine,

Je t'envoie *la Gazette* de ce matin contenant mon vrai discours (1). C'est un succès fou au dehors de la Chambre. Je suis brouillé avec la gauche, qui a peur aussi de moi, déjà ! Je me réconcilierai tout doucement, en me taisant. Dis tout cela à ta maman, à tes sœurs et à ma tante. Je n'ai pas un moment.

La presse est tout entière de mon côté, et y sera plus encore. Je n'ai que les journaux du gouvernement, *la Presse* et *les Débats* contre.

Adieu, je te quitte pour monter à cheval avant la Chambre. Pardon de mon écriture illisible.

LAMARTINE.

Fais savoir à Champvans que je suis ravi de son article *Saône-et-Loire*. Je lui écrirai quand je serai hors du tourbillon.

Paris, 3 avril 1843.

C'est à toi aujourd'hui, mon cher secrétaire, de me faire mes commissions, si cela ne t'ennuie pas.

(1) Sur les députés fonctionnaires publics. Séance du 24 mars 1843.

Je t'envoie *la Nation*, où il y a un petit article sur mon salon, et le journal du Havre, où j'en trouve un autre fort joli ; dans *la Gazette* d'hier, sur le même sujet, je vous l'envoie aussi. M. Ronot pourra en prendre avec esprit ce qui en conviendra pour le journal, soit *le Progrès*, soit *le Saône-et-Loire*, comme il jugera mieux.

Je suis toujours ballotté entre mille journaux, et plus que jamais l'objet de l'attention publique, et même de son inquiétude. Cependant je ne dis rien de quelque temps. Je ne vois plus à parler qu'une ou deux fois importantes, après cela partir. Nous n'en voyons les heures, car nous sommes comme vous pensez bien excédés du monde. La loterie a produit cinq mille francs, il y a eu six cents personnes dans les salons ; toutes les opinions, depuis les duchesses du faubourg Saint-Germain, jusqu'à la république, s'y confondant. Je vais fermer insensiblement à partir de samedi.

Envoyez-moi des nouvelles de Monceau et de Milly, dites-moi si le 5 mai le château sera fini et libre d'ouvriers, fais venir Clec et dites-lui de finir pour le 25 avril.

Nous n'avons pas d'autre projet cette année que d'aller nous renfermer et nous reposer là ou à Saint-Point. Aucun voyage en vue. Je veux travailler à la poésie et à la philosophie, pour après moi. Six ou huit mois de solitude avanceront ce que je veux faire. J'espère que nous nous verrons souvent, nous n'aimons plus que vous au monde, tout le reste est du bruit. L'affection n'est qu'en famille. On dit que Cécile est bien guérie et danse pour deux ans. M. de Champvans est revenu se mettre à mes ordres, et je l'emploie. Il m'a donné de vos bonnes nouvelles à tous. Adieu, on m'appelle, je t'embrasse.

Paris, 24 avril 1843.

Ma chère Valentine,

Il y a un siècle que je ne vous ai plus ennuyées de mes commissions, cependant en voilà une qu'il faut me faire au plus vite. En allant à Monceau, faites examiner bien attentivement l'état exact des bourgeons de vigne (Milly et Monceau) et écris-moi juste ce qu'il y a eu, ce qu'il n'y a pas à espérer en récolte cette année, et si les bourgeons qui repoussent auront ou non quelques raisins, et si on suppose qu'ils auront le temps de mûrir?

Voilà tout, ma chère Valentine, nous sommes bien souffrants, Marianne et moi, et encore plus ennuyés des interminables lenteurs des commissions de la Chambre, qui ne font pas leurs rapports et empêchent de discuter et de partir. Je n'ai que la question des sucres qui m'arrête, et peut-être une ou deux affaires, qui suivront immédiatement. Ma malle est à ma porte, et ma voiture est graissée. Il fait un temps affreux, je mène une triste vie au coin du feu ou dans mon lit. J'aimerais mieux entendre les rossignols de Saint-Point ou de Monceau.

Embrasse tes sœurs pour moi bien tendrement, mille choses à ma tante, je t'embrasse toi-même, et ta tante aussi.

LAMARTINE.

1er mai 1843.

Ma chère Valentine,

Je reçois votre lettre de reproche pour notre long silence. Je n'écrivais pas uniquement de peur de vous ennuyer de mes griffonnages. Ce n'est pas faute de penser à vous, à coup sûr, car nos pensées ne sont qu'avec vous, et nous mourons d'ennui et de misère ici. Ainsi, dis bien à ta maman qu'elle ne m'en veuille pas. Je ne voulais pas fatiguer ses yeux et sa main.

La Chambre ne marche plus, cependant le 8, la discussion des sucres commence. J'ai tâché, à cause d'Eugénie et de ma tante, de faire des partisans à l'indemnité. Je parlerai même, si je puis, mais personne ne veut en entendre parler ; ici tous les cœurs sont durs, excepté le mien qui est trop tendre, comme tout le monde me le reproche.

Le 18 ou le 20, je pense qu'on votera, et je me tiens prêt à partir aussitôt après.

Nous sommes bien touchés de votre désir de nous revoir, et vraiment vous êtes toutes trop bonnes, car nous devenons si tristes et si ennuyeux qu'il n'y a que patience et pitié à avoir pour nous. Seulement on vous aime autant que dans la maison paternelle, voilà tout.

J'ai acheté hier un bien beau cheval blanc à crins noirs pour vous ; je vends Émir pour payer le blanc, et j'aurai du retour. Il est bien doux, dit-on, je vais le monter tout à l'heure.

Je sors du mariage de M. de Joanne avec Mlle Arthémise Millevet. Elle paraît simple, bonne enfant, suffisamment agréable.

Adieu, ma chère Valentine, embrasse bien tendrement ma tante.

15 mai 1843.

Ma chère Valentine,

Un petit mot d'ennui encore, puisque c'est moi qui vous obsède de tant d'affaires cette année. Fais dire à M. de Champvans que je vais lui envoyer imprimé, ici, mon discours sur les *sucres* (1), qu'il n'aura qu'à l'envoyer comme à l'ordinaire

(1) A propos du projet de loi relatif à la suppression de la fabrication du sucre indigène. Séance du 12 mai 1843.

aux électeurs. Nous sommes dans la chaleur du combat, mais nous n'avons réellement plus d'espoir d'indemnité. Malgré M. Berryer, M. Guizot et moi, la Chambre ne veut pas en entendre parler, et la sucrerie va rester dans l'état actuel à peu près. Dis cela à ma tante, cela n'est ni bon, ni mauvais, ils continueront un peu. Voilà tout le résultat. M. Berryer a été admirable en les soutenant. J'ai produit aussi assez d'effet et converti une trentaine de voix. Mais cela ne suffit pas.

Montherot est ici, mais nous le voyons peu. Je passe mon temps en affaires, lettres, audiences, commissions, Chambre. Je n'ai pas monté à cheval depuis un mois, nous avons été trop souffrants ou trop occupés. Nous ne voyons les heures de nous en aller. J'espère que ce sera la semaine prochaine sans faute. Ma malle est faite et part demain. Cependant si le projet du gouvernement restait en discussion, cela pourrait se prolonger de quelques jours. Notre grand bonheur est de vous revoir toutes. Les Ligonnès sont-ils arrivés? Je les désire bien aussi.

Embrasse tes sœurs pour nous, et aimez-nous bien, car nous vous aimons comme nos enfants. Je finis ce gribouillage rapide en t'embrassant aussi bien tendrement. Dis à Ligonnès que mes quatre toits sont à lui. Cela pourra-t-il s'arranger avec ma tante? Écris-nous encore une fois.

LAMARTINE.

20 mai 1843.

Rien qu'un mot pour vous dire que les sucres sont perdus, et que nous partons lundi ou mardi. Envoyez un exprès à Monceau et à Saint-Point, pour que tout notre monde se trouve à Monceau aussitôt, et nous attende.

Adieu, mille tendresses à tout le monde. Nous vous embrassons bien tendrement.

LAMARTINE.

26 mai 1843.

Ma chère Valentine,

Les affaires m'ont empêché de partir, nous partirons demain. Quant au banquet, je reste impassible, je prendrai ce qu'on me donnera. Si c'est général, je tiendrai un langage général ; si c'est particulier, j'en tiendrai un particulier. J'aimerais rien, mais refuser serait montrer peur de son ombre. Ne vous en mêlez pas. Adieu, ma chère Valentine, embrasse bien d'avance tes sœurs.

Une lacune de près d'un an se trouve dans cette correspondance qui reprend en 1844.

1844

6 mai 1844.

Ma chère Valentine,

Si je n'écris pas tous les jours, tu sais bien que c'est pour ne pas obséder. Si les pensées avaient un daguerréotype, vous auriez sans cesse les miennes sous les yeux, car elles n'ont plus depuis bien des années d'autre courant que vous. Chaque fois que tu ne reçois pas une lettre dans la journée, sois bien sûre que c'est uniquement pour ne pas ennuyer toi, ou les autres. Mais vous, écrivez-moi donc, ne fût-ce qu'une phrase, toutes les fois que vous pouvez jeter un mot à la poste. C'est un bien-heureux moment que celui où votre pensée entre dans mon cabinet, je ne donne vos lettres à aucun secrétaire. Elles sont toutes à moi seul ; ainsi, ne craignez pas d'être mêlées à d'autres. Vous ne saurez jamais combien je vous aime, il n'y a pas de père qui ait pour ses propres filles les sentiments que j'ai pour vous, vous êtes mon unique raison de vivre, et, si vous partiez de la terre, je n'y tiendrais plus par aucun lien. Vos prières me font du bien. J'en ai tant besoin, je suis si triste, si ennuyé, si seul dans mes pensées. Votre tante est triste aussi, elle se soulage en faisant du bien aux malheureux enfants. Moi, je voudrais, et je ne puis en faire aux hommes, toute ma vie est dans l'espérance d'une autre meilleure et dans votre affection. J'espère, dans cinq semaines, aller vous rejoindre. Je vous verrai au moins quelquefois, et ce sera un but dans la semaine. Ah ! pourquoi n'êtes-vous pas avec nous toujours? Est-ce qu'il n'y aura pas un temps où nous ne ferons qu'une famille?

Paris, 8 mai 1844.

Ma chère Valentine,

En l'absence d'Alix, je t'adresse et te recommande pour ma tante, sans que l'intention en paraisse, ce morceau sur moi cité dans la *Gazette de France*. Lis-le-lui comme par hasard venu de M. de Champvans. Je suis accablé de chemins de fer, et écrasé de prisons (1). Je me sens plus en prison que les prisonniers par ce beau temps. J'espère que vous jouissez mieux de l'air et du soleil à Monceau.

(1) Séance du 7 mai 1844. Discussion sur la réforme des prisons.

Adieu, ma chère Valentine, je vous embrasse bien tendrement Alphonsine, Cécile et toi. Pensez à nous et aimez-nous.

Mille tendresses à ta maman, respects à ma tante.

14 mai 1844.

Ma chère Valentine,

J'ai reçu ton joli petit mot. Pourquoi n'écris-tu pas?

Tu sais comme je t'aime, et comme tes lettres me consolent. Je n'ai de bonheur que de penser à vous lire, et à être de cœur avec vous. Pourquoi n'est-ce pas plus souvent?

Pour moi, si je n'écris pas, vous savez bien que c'est uniquement pour ne pas vous ennuyer, vous et les vôtres. Ma conversation intérieure est toute à vous, avec toi surtout, ma chère Valentine, qui a été si longtemps mon correspondant, et que je ne me lasserai jamais d'entretenir. Quand inventera-t-on le daguerréotype des pensées et des sentiments? Quand pourra-t-on se dire à distance ce qu'on dit à Dieu? Je lui ai dit sans cesse que je n'ai plus de fille et de fils et d'attachement sur la terre que toi et tes charmantes sœurs. Et tout le bonheur que je lui demande désormais pour moi, c'est votre bonheur. Il m'est témoin que le vôtre ou le mien c'est la même chose, et même je n'en dis pas assez. Je donnerais mille fois le peu qui m'en revient en ce monde pour doubler et compléter le vôtre. Priez bien et sans cesse pour moi, afin que nos prières se rencontrent demandant les mêmes choses ; les miennes ne valent rien, mais les vôtres, mais les tiennes vont à Dieu, car elles sont pures, jeunes et divines. C'est la seule amitié que je te demande. Je serais bien triste cette année, si je ne me repliais pas tout entier sur vous, qui venez derrière moi, et qui continuerez ici-bas mon âme. Je suis très abandonné du monde entier. La politique mesquine, intrigante et lâche de mon pays a peur de moi et se tourne toute contre moi. Mon rôle est de parler une fois encore dans quelques jours, et de me taire deux ou trois ans de suite. Rien ne me servirait de parler à présent. Je m'occuperai de mon histoire et de mes affaires ! Ces affaires vont mieux et me laissent l'espoir de bien liquider en quatre ans. Je voudrais avoir un trésor, et vous savez pour qui, car pour moi, du soleil et de la campagne, un coin de feu et un cheval sur la montagne, et vous voir de temps en temps, si je ne le peux tous les jours. Voilà ce qu'il me faut. Adieu, ma chère Valentine. Aime-moi comme tu aimerais ton père. Je le suis par le cœur.

LAMARTINE.

6 avril 1844.

J'ai reçu vos remerciements pour ces misères, qui ne sont que de la vile poussière de sentiments et qui n'ont d'autre valeur que d'avoir prouvé qu'à telle heure de tel jour, de telle année, un cœur a pensé à vous. Mais y a-t-il une heure d'un jour, d'une année quelconque depuis cinq ou six ans, où ce cœur n'ait été plein de vous? Et y a-t-il dans l'avenir une heure, qui ne doive en être occupée, remplie, réchauffée? Non, vous devez savoir et sentir que ma vie d'affection est désormais recueillie et résumée en vous. Comme je bénis Dieu au milieu des profondes tristesses de ce qu'au milieu déjà déclinant de ma vie, il m'a ouvert dans vos cœurs une source toute nouvelle d'attachements et m'a ramené à ne trouver mes seules affections dernières que dans ce qui me touche plus près, et là, où la tendresse du sang se mêle à celle du choix et de l'âme, et que vous voulez bien oublier que vous êtes toutes si jeunes et charmantes, si dignes d'être aimées, pour m'aimer moi-même comme un père, comme un oncle, comme un ami de préférence. Je m'appuie en idée sur vous, et ne ne sais pas si à de pareilles conditions le soir de ma vie ne dépasse pas immensément toutes les fraîches espérances du matin. C'est ce que je me dis cent fois le jour. Que Dieu vous rende heureuses, qu'Il vous conserve longtemps, longtemps, pendant et après moi, que je puisse sentir que j'ai un asile caché dans votre âme, où mes chagrins se réfugient pour se convertir en douceur, en amitié, et vraiment je ne demande rien de plus au ciel. Mais il faut que ce bonheur ne coûte rien aux vôtres, car pour cela je sacrifierais bien vite même ce bonheur, le dernier pour moi. Priez, priez, priez que Dieu m'écoute. Il ne peut pas ne pas vous entendre, il y a trop de pureté, de force et de tendresse dans ce qui sort de vous.

J'écris un mot à Alix. Je voudrais bien vous voir ici pendant ce beau mois, beau, mais d'ennui où vous n'êtes pas. Dans cinq semaines j'espère vous embrasser, je ne suis retenu que par la convenance de ne pas quitter pendant que l'affaire de Mâcon se traite. Le lendemain je pars.

LAMARTINE.

19 avril 1844.

Ma chère Valentine,

Une forte grippe et un léger rhumatisme réunis m'ont empêché de répondre à la lettre d'affaires que tu m'as écrite pour ta maman. Demande-lui ce que j'aurai en argent chez elle, en y arrivant, défalcation faite de ce qu'elle aurait pris pour elle, ou avancé à ma tante, et écris-le-moi bien vite. Je rougis d'employer tes belles mains à ces comptes de financier. Mais je sais que tu es le roi ou la reine des secrétaires et que tu fais les affaires avec une raison ferme et droite, comme tu aimes avec un bon et tendre cœur. Cela ne veut pas dire que j'aie besoin d'argent en arrivant et avant l'hiver. Mais c'est pour savoir juste ce que je dois emporter. Nous ne faisons rien de bon. Nous nous ennuyons à la mort ; nous voyons pousser les feuilles avec désespoir. Je suis dégoûté de la Chambre, je n'ai pas un ami politique au milieu d'assez d'estime et d'affection. Ce métier de prophète dans le désert m'ennuie un peu, car les années s'accumulent et on les perd. Mes affaires d'intérêts vont assez bien et me donnent très peu de soucis maintenant. Cela te fera plaisir, ainsi qu'à ta maman et à tes sœurs. J'aspire à Saint-Point ou à Milly. Je passe mes jours à lire et à soupirer après le ciel libre. Je ne le vois qu'entre des cheminées.

Adieu, cher et spirituel secrétaire. Si vous m'aimez, je vous le rends bien. Dis-le à Alix, à Alphonsine, à Cécile. C'est toute ma famille que vous. Aimez-moi donc bien, et que le bon Dieu vous donne autant de bonheur que je lui en demande pour vous.

LAMARTINE.

Mai 1844.

Je ne vous écris ce matin qu'un petit mot, pour vous dire combien je m'ennuie de ne pas vous revoir aussitôt que je l'espérais. Cela ira bien encore aux premiers jours de juin. Mâcon en est la cause, je ne puis quitter son chemin de fer qu'il ne soit voté. Plaignez-nous, car vous savez que tous les jours passés à Paris sont des siècles d'ennui, pour votre tante comme pour moi. Je viens de passer quinze jours bien souffrant de grippe et de névral-gie, et ce n'est pas fini. Je vis de tristesse, et ne sors pas du tout par santé, et par politique. Je ne presse que le chemin de fer. Priez bien pour nous, comme nous tous les jours, vingt fois pour vous. Notre conversation est dans le ciel. Tâchez d'être heureuses, résignées, contentes, faites des prome-nades, lisez, pensez, aimez-nous juste pour avoir le cœur tiède, pas assez pour l'avoir brûlant.

Adieu encore, les mots qui viennent avec votre pensée remplissent une semaine de tristesse et nous consolent. Mille tendres attachements.

LAMARTINE.

Paris, 7 juin 1844.

J'ai eu vos lettres, c'est ma consolation et ma vie. Ne me grondez pas si je ne réponds pas tous les jours, même à celles que vous n'écrivez pas ; causer avec vous, présentes ou absentes, c'est maintenant, et depuis longtemps toute l'existence pour moi. Vous êtes mes filles, vous êtes mes anges, vous êtes les rayons vivants et palpitants de la bonté et de la beauté de Dieu sur les années sombres et nues de ma vie. Ces rayons, je voudrais les voir tous les matins en ouvrant les yeux à ma fenêtre. Je ne les vois qu'en esprit et en âme, mais hélas ce n'est pas tout. Ne me grondez pas, et soyez sûres que quand je n'écris pas, c'est que je crains de vous ennuyer, mais que je pense, et que je prie, et que je suis présent en famille à tout ce que vous pensez, à tout ce que vous faites, à tout ce que vous sentez ; j'en demande ma part, et je la mérite, car vraiment laissez dire les méchants de mon égoïsme et de ma légèreté prétendus ; le monde entier, excepté sa partie immortelle, ne m'occupe qu'en raison de vous. Le ciel m'est témoin que s'il m'avait donné le globe, avec quelques milliers d'étoiles pardessus le marché, le prix que j'y attacherais serait de vous les donner bien vite, et de n'en rien garder si vous n'en vouliez pas. Ce que je dis là n'est pas une phrase de poète, mais un bon sentiment d'oncle, qui a mis toute sa tendresse en vous seules et qui ne la reprendra jamais. Ainsi ne vous y trompez pas et ne craignez rien, les printemps passeront, les cheveux blanchiront, les cœurs cesseront de battre, mais ces purs et bons sentiments ne passeront pas. Seulement soyez heureuses et ne vous attristez jamais pour moi. Quand vous aurez de gros chagrins, dites-vous au moins : nous avons un ami le plus près de notre sang et de notre cœur, comme jamais nièces n'en ont eu, ni n'en auront sur la terre. Il nous a aimées plus qu'aucun frère et aucun père n'aima ses filles ou ses sœurs, il nous a comprises, il nous a pressenties, il nous suit de l'œil et de la pensée partout et toujours. Que n'est-il un ange au lieu d'un pauvre mortel faible et souffrant, gémissant comme nous? Mais un jour il sera un ange et alors il nous protégera bien mieux, sans nous aimer davantage.

En attendant, c'est vous qui êtes deux ou trois anges et dont je baise l'ombre sur mon chemin. Soyez heureuses ! Soignez-vous, ne soyez pas malades, ne mourez jamais de mon vivant. Écrivez-moi.

1845

Ma chère Valentine,

J'ai reçu le volume et le petit mot de vous. Le temps me durait bien de vous dire combien je vous regrette et combien à toute heure je pense à vous. Tu sais qu'il y a longtemps que j'ai concentré toutes mes affections sur vous ; présence ou absence, rien n'y fait. Vous êtes mes enfants. Je sais que vous avez quelques distractions et quelques plaisirs ou ennuis occupés, qu'on appelle bals et fêtes. Je m'en réjouis en pensant que cela vous distrait la veille et le lendemain. Tu sais que je ne suis pas égoïste dans mon attachement, et que tout ce que je désire, c'est que vous soyez contentes, amusées, heureuses ; tâchez donc de l'être le plus possible, ne fût-ce que pour ma consolation et pour mon plaisir.

Ma vie à moi est odieuse, un monde incessant tout le jour, pas un ami, rien à faire à la Chambre, aucun but prochain en politique et un but éloigné que mes pensées atteindront après moi, mais que moi je ne verrai pas. Du travail sans utilité, des affaires de fortune, qui ne finissent pas et qui se compliquent, des embarras de tout genre ; pas un cœur qui m'ouvre le sien, pour la première fois depuis bien des années, je suis triste souvent jusqu'au désespoir. Quand je veux me consoler, je me reporte en pensée vers vous et, en pensant à vous et à votre avenir, je m'oublie et je me calme. Voilà ma vie. Je prie Dieu quelque moment par jour dans le désert des rues, ou dans la solitude de mon cabinet. Je pense que vous le priez aussi toutes pour moi. C'est la seule conversation des absents.

La Chambre m'est odieuse et je lui suis odieux. Elle me hait parce qu'elle m'estime. Je la quitterais avec délice. Dans le monde, on admire ce qu'on appelle mon talent, mais on me laisse combattre seul. La vie ainsi est sèche et dure. Aussitôt ces trois mois passés, j'irai me réfugier dans le travail à Monceau. Je n'ai rien à faire ici de longtemps.

J'ai reçu un mot d'Alix, et j'en sais des nouvelles par M. de Coppens. Au revoir, à bientôt.

LAMARTINE.

Les trois premières pages sont pour vous toutes, la quatrième est pour toi seule, excepté ta maman à qui tu peux la lire, si tu veux.

2 février 1845.

Ma chère Valentine,

Je prends ce matin mon grand papier pour t'écrire, et je voudrais bien le papier sans fin, dont parlait Mme Malibran pour vous écrire à toutes les quatre. Mais ceci est une lettre toute confidentielle pour toi. Champvans m'a donné de vos nouvelles. Je vous ai vu occupées huit jours à préparer mes belles salles de bal, puis délicieusement parées descendre pour les embellir vous-mêmes. J'ai bien joui de tous vos plaisirs, j'aurais bien voulu être là et les voir seulement par les fenêtres du jardin. J'espère qu'avant les sévérités du carême vous aurez encore quelques belles nuits illuminées de bougies, dont vous serez les astres. Quand vous vous amusez, il me semble que je m'amuse, tout malade et tout triste que je suis. Mais quand vous avez du chagrin, rien ne m'amuse, il me semble que je souffre par les cœurs, qui sont dans vos poitrines autant que par le mien, et bien plus. J'arrive aux années, où l'on n'a plus son bonheur que dans les autres. Vous savez qui sont les autres pour moi. Votre tante a joui autant que moi de tous ces récits. Elles vous aime comme ses filles, et toujours davantage. Quelle tristesse que vous soyez si loin de nous.

Mme de Pierreclos, à qui j'ai écrit un mot sévère, a cru que j'étais en colère. Dis-lui que non. J'ai trouvé certaines choses très mal, mais voilà tout. Il s'agissait de sa fille. Mes affaires sont encore en négociation, ni faites, ni rompues. Elles reprennent bonnes apparences, et si le cœur vous rappelle vers l'Italie ou vers les flots bleus de la Méditerranée pour les belles nuits d'été, j'espère que je pourrai être encore à vos ordres, au jour qui vous conviendra, et vous porter même en Égypte, aux Pyramides et à Thèbes, sans que vous pensiez à autre chose qu'à choisir des bracelets de bon goût, et les pierres antiques chez les joailliers du Caire ou d'Alexandrie. Nous rêvons un beau voyage de ce genre, mais nous ne rêvons jamais sans vous. Ainsi préparez vos études, vos livres, vos albums, vos imaginations. C'est Cécile qui conduira le voyage. Elle a si bien conduit le premier. Nous nous arrangeons pour mener Mme de Pierreclos, Léontine (1), votre frère, Dargaud, Champvans, un secrétaire. Les libraires m'offrent soixante mille francs pour deux volumes de notes au retour, que Champvans, vous ou le secrétaire écriront tous les soirs avec moi. C'est juste soixante mille francs qu'il faut pour ce voyage. Il ne nous aura ainsi rien coûté et se payera lui-même. Réflé-

(1) Léontine de Pierreclos, la fille d'Alix.

chissez et décidez. Cependant ne décidez pas trop, car rien n'est fait, il est au contraire très possible que d'ici à huit jours je rompe tout contrat et que je me retire à Monceau pour travailler et économiser trois ans. Dieu est le maître, et après Lui, c'est vous. Tout ceci est dit pour monter la tête à Cécile et à Alphonsine. L'une est la *volonté*, l'autre la *complaisance* de la maison. Toi tu es la raison, et vous êtes toutes la tendresse et la bonté. Je vous écrirai dès que mon marché sera signé ou déchiré. Ce sera, je crois, jeudi. Priez bien le bon Dieu qui vous aime de me seconder un peu dans toutes mes difficultés, vos prières sont depuis longtemps tout mon crédit dans le ciel.

Jusqu'ici, ma chère Valentine, tu peux lire à tes sœurs, mais à partir de ce côté de la page il faut lire seule, puisqu'il s'agit d'un de ces grands mystères de jeune fille, dont les oncles sont les confidents, mais qui se disent tout bas. M. de Champvans n'a pu garder son poids sur le cœur, il m'a avoué sa démarche à ton égard. Il m'a raconté tout ce qui a été fait ou dit à ce sujet. Je lui ai dit que je t'aimais comme ma propre fille et que je t'avais toujours conseillé de ne te marier que si ton cœur parlait ferme et sérieusement pour l'homme qui te serait présenté, que je n'aurais jamais quant à moi, à cet égard, d'autre penchant

que le tien ; que je te servirai de toutes mes forces
pour tout ce que tu me dirais être ton désir ou
ton bonheur, que peu m'importait l'état, le nom,
la situation sociale, la fortune ; que l'avenir, et
quand tu voudrais le présent, t'en réservait assez
pour ne pas songer à ces misères, qu'il ne fallait
songer qu'aux qualités de l'âme, à l'attachement
sérieux, durable, à toutes les autres conditions
de bonheur, et que, si tu venais jamais à les entrevoir en lui, bien loin de m'opposer, j'aiderais ; et
qu'ainsi je te parlerai en te laissant, non seulement la plénitude de liberté de choix et de
résolution, mais même en inclinant plutôt vers
ses désirs. Voilà ce qui est dit. Maintenant, prends
ton temps, ensuite consulte à loisir ta sagesse et
ta situation. Pense, examine, réfléchis, prie Dieu
de t'éclairer pour ton vrai bonheur. Le contrat
pour mes ouvrages serait six cent trente mille
francs en six ans, rien de viager.

12 mars 1845.

Ma chère Valentine,

Voilà ton frère qui part ce matin. Je ne veux
pas qu'il arrive sans vous porter un mot de moi. Je
voudrais bien qu'il y eût tous les jours un courrier
si cher à vos cœurs. Il vous dira que nous sommes

malades, tristes, ennuyeux, ennuyés et ne vivant
par la pensée et par le cœur qu'avec vous. Mais
il n'a pas besoin de vous le dire, vous ne pouvez
l'ignorer. Il n'y a que votre pensée qui me sou-
tienne et me rende l'âme moins lourde. Je n'ai
plus aucune vie politique. Je ne vais pas à la
Chambre une heure par semaine. Les hommes y
sont dégoûtants. J'y ai perdu dix ans, et je les
regrette. Cela n'en valait pas la peine. C'est une
foire de consciences et un foyer de misérables intrigues auxquelles je rougirais de mêler une idée.
Je ne vois rien venir de mieux, au contraire. Si
vous n'étiez pas de ce monde, je voudrais en être
dehors. J'espère que les autres vaudront mieux.
Je travaille pour me consoler tant que je peux
tous les matins, mais je ne peux pas beaucoup, les migraines ne me quittent plus. Je n'ai
pour consolation que M. Dargaud et M. de
Champvans. Je les aime, ils sont bons. J'ai dit
au dernier ton dernier mot. Il se flatte toujours
un peu que ce ne serra pas sans retour. Je n'en
sais rien, et ne dis rien de plus ; dans tous les
cas, si tu te maries, marie-toi de manière à ne
pas être perdue pour nous. Vous êtes nos filles,
ne nous abandonnez pas pour de trop longues
distances. Vous pouvez être bien aimées partout, mais nulle part comme vous l'êtes où nous
sommes.

Je t'enverrai par la diligence les livres que tu me désigneras. Le bibliothécaire de Mâcon est un barbare. Voilà d'abord *Gibbon*. Marianne a dû envoyer hier des vers de moi à la princesse d'Orange, les seuls que j'ai faits depuis un an. Comment les trouvez-vous? Ne rappellent-ils pas bien le pont du bateau à vapeur? seulement la princesse n'a pas de si beaux yeux que ceux que je lui donne. Mais on prend tout des poètes et on doit tout à leur imagination, ils donnent le nom de leur pensée à qui ils veulent. Elle m'a répondu une lettre charmante. Où la rencontrerons-nous cet été? J'ai presque fini le quatrième volume de l'*Histoire des Girondins*. Elle vous plaira, je crois, surtout les trois derniers volumes. Cela prend tous les tons, du plus simple au plus tragique. Je commence à m'y complaire. J'en ai lu un peu, cela prend beaucoup de réputation de libraires à Paris. Je crois qu'on m'en donnera bien deux cent mille francs pour dix ans. Je voudrais que cela fût fait, nous ferions le voyage d'Égypte. Mais pouvez-vous croire que nous voudrions un plaisir sans vous? Quelle idée, que vous me connaissez mal. Non, non, nous consentirons tant qu'il faudra à nous ennuyer pour que vous ayez du plaisir. Mais jamais à vous savoir ennuyées, pendant que nous jouissons de quelque chose au monde sans vous. Et de quoi jouirions-nous sans les seuls cœurs pour lesquels nous puissions sentir désormais.

Adieu, mes chers anges. Je vous écrirai encore plus au long dans peu de jours. En attendant, aimez-moi un peu, et priez le matin, à midi, et la nuit pour que Dieu nous aide, nous conduise et nous console, car le chemin est rude, froid et triste. Mais tant que votre regard brillera de si loin que ce soit au bout de la route, ou à côté, nous la trouverons supportable.

Le temps me dure bien de vous embrasser toutes.

LAMARTINE.

31 mars 1845.

Cette fois-ci, je n'ai pas écrit à Mâcon depuis longtemps, vous savez que ce n'est pas faute de penser à vous. J'étais contraint de n'y penser que de la tête et du cœur par un accès de rhumatisme au nerf du talon. Heureusement ce n'était ni aigu, ni bien fort, mais cela m'a retenu au lit sept jours, et souvent sans sommeil; j'avais le temps de songer à mes amis. Ce matin, j'écris avec peine encore, parce que je n'ai rien mangé depuis samedi, et je suis très faible, mais je suis· debout et je commence par vous, comme je finis par vous.

Maintenant, parlons de vous, c'est plus agréable. Le printemps vous sourit-il un peu? Comment êtes-vous? Comment ma tante? Comment Mme de Coppens? Enfin comment nos vignes? J'ai gagné ce matin mon procès par défaut, cela recommencera. Il se présente de nouveaux acquéreurs pour *les Girondins*, mais je ne suis conclure avant jugement définitif, c'est-à-dire peut-être bien des mois. On m'en offre deux cent cinquante mille francs, seulement pour dix ans, après cela je revendrai, ou ma femme, ou vous, si je puis alors nourri gratis du pain des purs esprits dans quelque beau et meilleur monde, où vous viendrez comme à Saint-Point.

Mille tendresses à Alix, à ses sœurs. Jamais elles ne sauront combien nous vous aimons toutes. Vous êtes nos vrais et seuls enfants. Il nous tarde de vous revoir. Ce sera sans faute vers le 25 avril ou bien près. Je travaille et ne vais pas à la Chambre. J'y parlerai seulement peut-être une fois avant de partir, et encore mon esprit est ailleurs. Vous serez contentes des *Girondins*. Champvans se console très vite de ses ennuis, mais toujours bon et aimable compagnon.

Adieu, mes chers anges, priez pour nous qui prions tant pour vous. J'espère que nous vous trouverons toutes comme nous vous avons laissées.

LAMARTINE.

13 avril 1845.

Ma chère Valentine,

Dis à ta maman d'abord que j'ai vu son compte. Secondement et quant à Emmanuel (1), dis-lui que tout est bien, puisqu'elle le veut ainsi et qu'elle le place en Dombe ou en Bretagne, c'est tout un. Il ne restera pas plus ici que là. Elle aura une dépense de moins à le placer en Dombe, car il ne tardera pas à en revenir. Je ne comprends pas son aveuglement sur le sort de ce jeune homme. On ne peut pas ouvrir les yeux à ceux qui ne veulent pas voir. N'en parlons plus.

Voici nos nouvelles. Mon procès traînera un an au moins. Je ne m'en afflige que pour vous à qui j'aurais tant aimé être bon à quelque chose avant d'être bon à rien. J'ai fini mon quatrième volume. J'espère finir *les Girondins* en décembre. Ils sont très achalandés. J'en reçois tous les jours des demandes très belles. Ils iront à trois cent mille francs, je crois, dans dix ans.

Quant à la Chambre, j'y ai parlé deux fois depuis quinze jours (2) avec un enthousiasme

(1) Emmanuel de Cessiat.
(2) Sur les fortifications. Séance du 2 avril 1845 ; et sur les contrefactions en France des ouvrages publiés en Sardaigne. Séance du 16 avril 1845.

d'accueil presque amoureux au peu que j'ai dit. J'y parlerai en *très* grand ces jours-ci sur les rentes et les armements de Paris ; puis je partirai, ma malle est commencée, mes livres partent. Je ne vois l'heure de Monceau. Nous avons eu hier samedi un monde énorme. Samedi, nous en aurons *mille* au moins. C'est le dernier jour de la loterie. Elle n'est pas belle, nous avons vu trop peu de monde cette année.

Mme Marceau est ici, dis-le à Alix, elle est toujours belle et bonne, mais je la vois bien peu. Je vis en ours au fond de mon cabinet, fermé avec mes pensées. Tout m'est égal, excepté un rayon de soleil sur la terrasse de Monceau, quand je vous vois toutes monter l'avenue. Jamais oncle n'a tant vécu dans ses nièces. Quel malheur que vous ne soyez pas des neveux !

Vous promenez-vous? Vous occupez-vous? Lisez-vous? Voulez-vous des livres? Avez-vous l'*Histoire* de M. Thiers? Alix la lit-elle? Je ne l'ai pas lue, on dit que c'est faible, mais cela doit être amusant. Faites-moi vite votre commissionnaire. Dargaud se marie jeudi, je suis témoin. Votre tante souffre. Moi, je suis vieux, et pourtant toujours jeune de cœur et d'esprit. Mais je souffre surtout de vous savoir tristes et prisonnières à la ville par ces beaux jours. Ah ! si j'avais de l'argent, comme je vous enlèverais toutes cet été, même Léontine et Emmanuel, pour vous chauffer au soleil de la Méditerranée. Mais Dieu est Dieu et nous sommes ses esclaves, espérons que nous sommes aussi ses enfants. Quant à vous, cela n'est pas douteux, il n'en a jamais fait de plus charmants et de meilleurs, et il doit vous aimer bien fort pour vous avoir créés avec tant de complaisance. Écrivez-nous encore. Je voudrais partir le 27, mais la Chambre pourrait me manger une quinzaine de plus.

Adieu, mes chers anges, je vous aime plus que les plumes et les livres n'en savent écrire ou dire. Votre tante de même.

LAMARTINE.

25 avril 1845.

Vendredi vient la question des Jésuites et tout de suite après les fortifications. Je veux parler dans ces deux occasions. Aussitôt après les fortifications nous partirons, notre impatience égale certainement bien la vôtre. Jamais Paris ne nous fut si odieux, et Mâcon si regretté. Je n'y ai pas un jour de lumière, de santé, de repos, depuis que nous y sommes arrivés. Il y a longtemps que je le hais, mais cela augmente avec les années. C'est la patrie des espérances et des agitations de la jeunesse, mais quand le soir vient, et que l'âme a besoin de se recueillir dans quelque petit coin isolé et personnel de l'univers, pour contempler, prier et rentrer en elle-même, alors il faut Ischia ou une montagne de Saint-Point ou Milly pour unique monde, et trois ou quatre nièces bonnes, tendres et aimées pour tout univers.

J'ai eu depuis quelques mois quelques jolis succès d'orateur improvisé, qui font de nouveau de moi le Benjamin de la Chambre. Mais il n'y a rien autre à faire que de s'en faire estimer et aimer. Estime et amour stériles, qui ne vont jamais jusqu'au courage et à une action quelconque.

Dis à Mme de Pierreclos de lire un discours que je compte faire samedi sur la question religieuse résolue par la liberté, et non par l'aboiement aux Jésuites ; cela sera courageux, si cela n'est pas beau. Quant aux fortifications, j'improvise.

Paris, 6 mai 1845.

Je ne vous écris qu'un petit mot aujourd'hui, mes chères petites, parce que je suis très occupé d'hier et d'aujourd'hui. Je dois parler sur les fortifications, après avoir vainement essayé de parler sur la liberté religieuse (1). J'ai lutté une heure à la tribune avec courage et quelquefois succès,

(1) Séance du 3 mai 1845. Sur la liberté des cultes.

mais sans pouvoir même aborder une phrase d'un superbe discours que nous avions préparé ; il faudra le garder pour une autre année. La Chambre a été comme une mer houleuse, à chaque phrase elle se soulevait contre moi. J'ai tenu tête une bonne heure tout en nage, je suis parvenu à faire comprendre seulement ce que je voulais, et je suis descendu bien fatigué et un peu honteux, mais pas pour moi, car j'ai fait mon devoir héroïquement, et j'avais raison de vouloir la grande liberté, et pas de persécution contre les Jésuites et toute autre association indépendante de l'État. Lisez cela à ma tante. Demain ou ce soir, je ferai le discours le plus terrible contre les fortifications, mais comme je suis seul, je n'essayerai pas de lutter, comme hier, avec l'auditoire. Je parlerai malgré eux, pour la nation, et je me moque d'avance de la Chambre. Après cela, je fermerai ma malle ouverte, à moitié pleine, et nous irons vous revoir avec bien du bonheur. Je pense que nous pourrons partir vers le 10 ou le 12 et être auprès de vous vers le 14 au plus tard.

Après avoir écrit l'*Histoire* un mois à Monceau, votre tante veut aller à Néris et vous emmener. Elle ne pense comme moi qu'à vous, vous êtes ses enfants. Quant à moi, je ne vous dis rien de mon affection, si ce n'est que le reste du monde n'existe pas en dehors de vous. Vous devriez aller vous établir à Monceau, en nous attendant. Priez votre maman de ne pas vous laisser ainsi, comme l'année dernière, languir et maigrir dans le plat air de Mâcon. Mâcon tue au printemps, tant la vallée de la Saône est basse et humide. Pensez à nous, toutes les fois que vous serez tentées de négliger vos santés. Il faut que votre vie continue et remplace la nôtre, et que Dieu vous donne en années et en bonheur ce qu'Il nous refuse à nous. Quant à moi, je ne lui demande plus que pour vous. Tout le reste m'ennuie. Je vous porte des histoires et des voyages pour votre été. Vous lirez pendant que j'écrirai. Je vous envoie *le Moniteur*, où vous trouverez mon effort de discours d'avant-hier, mais pas de discours en effet. Berryer a pu faire très heureusement le sien, grâce à l'appui des Légitimistes. Moi j'avais tout le monde contre mon idée, demain ce sera pis encore. Mais je me résigne à ce martyre, pour que ces choses aient été dites. A mesure que vous verrez arriver nos ballots, paquets, malles, faites mener à Monceau et déposer dans mon cabinet à côté de la galerie, celui de l'année passée. J'achète un présent pour Alix de Vignet (1). Je ne vous apporte rien, plaignez-moi !

---

(1) Sa nièce Alix de Vignet, fille de sa sœur Césarine, dont la destinée a été si brève et si triste, allait épouser le baron de Montfort de Saint-Sulpice.

7 mai 1845.

Un mot, ma chère Valentine, pour vous dire en courant à toutes, que je descends de la tribune après une improvisation de *deux heures un quart* (1) qui n'a pas eu son pendant depuis 1789 dans les Parlements. C'est le mot général d'amis et d'ennemis. Vous relirez le discours que dans huit jours, on le fait imprimer pour le peuple à quatre cent mille exemplaires. Je le reverrai. Hier, je n'ai pas pu le relire, ni le compléter au *Moniteur*, j'avais trop de monde autour de moi et trop peu de minutes, il ne signifie rien. C'est à la Chambre qu'il fallait l'entendre. Je le rétablirai comme il a été improvisé.

Ce matin, ma porte est assiégée littéralement de députés, d'étudiants, et c'est une émotion comme on n'en a pas vu dans la Chambre.

Nous partirons vers le milieu de la semaine prochaine. Je t'enverrai quelques petits billets, qui m'arrivent à l'instant, pour vous faire juger de l'esprit unanime. On crie : Vive Lamartine, dans les cabinets de lectures et cafés !

Dans son discours du 6 mai, Lamartine en parlant contre l'armement des fortifications faisait surtout

(1) Séances du 6 et du 7 mai 1845. Sur l'armement des fortifications.

un véritable réquisitoire contre la politique de la monarchie de Juillet. Il parla pendant plus de deux heures d'une façon tellement admirable qu'il produisit une profonde sensation.

Une longue agitation succéda à son discours. La séance fut même suspendue pendant un quart d'heure.

Le lendemain M. Thiers qui se sentait atteint, quoique aucune responsabilité n'eût été dirigée contre lui, dans une intervention déclara qu'il s'applaudissait d'avoir doté son pays de ces fortifications élevées autour de Paris.

Je ne m'en applaudirais pas, ajouta-t-il, et je ne regarderais pas cela comme un acte de courage, si je n'avais été à cause d'elles exposé aux plus indignes calomnies. Je méprise ces calomnies, je les méprise dans l'expression qu'elles ont reçue hier parce que ce sont des calomnies.

M. Arago. — De semblables paroles ne sauraient être tolérées.

M. le Président. — De pareilles expressions ne peuvent porter sur les personnes, elles ne seraient pas parlementaires.

M. Thiers. — Les libertés que l'on donne à ses adversaires sont toujours égales à celles qu'on prend avec eux. Si ce qu'on a dit hier était vrai, la Chambre en votant les fortifications de Paris eût été une partie de traîtres et de dupes ; messieurs, il n'y a ni traîtres, ni dupes.

M. de Lamartine a fait notre histoire. Moi aussi je pourrais faire celle de tout le monde, et le jour où cela sera utile je ferai celle de M. de Lamartine, et il verra que, sans calomnier, je puis être sévère ; je pourrai prouver que si, dans la balance des pouvoirs, les uns l'ont emporté sur les autres, ce n'est pas sur moi que peut retomber la faute.

Lamartine répliqua en produisant des documents diplomatiques, et termina par ces mots : quant aux dernières paroles qui ont été proférés par l'honorable M. Thiers, elles ne sont ni du ressort de cette Chambre, ni du ressort de la tribune. Quand l'honorable M. Thiers aura expliqué à qui s'applique un mot que je n'ai jamais subi et que personne dans cette enceinte ne subira jamais, je saurai la réponse que j'aurai à y faire.

M. de Lamartine envoya à la suite de cette discussion ses deux témoins à M. Thiers : c'étaient le général de Leydet et M. de la Rochejacquelein, qui n'eurent pas de peine à lui faire accepter le procès-verbal suivant :

« M. de Lamartine maintient ses appréciations politiques, et M. Thiers retire ses expressions. »

La famille de M. de Lamartine n'eut connaissance de cette affaire qu'en apprenant son dénouement par la lettre suivante :

8 mai 1845.

Je m'empresse de vous écrire aussitôt après le dénouement très honorable et très pacifique de mon affaire. Elle vient de se terminer à la Chambre par l'organe du président autorisé à lire une rédaction de M. Thiers et de nos témoins, rédaction par laquelle il retire publiquement le mot dont j'avais exigé l'explication ou... La Chambre a fort applaudi. Tout le monde m'a donné des marques de sensibilité, d'attachement et de satisfaction, de ma fermeté à défendre sa dignité plus encore que la mienne.

Quant à Paris, il est tout entier pour moi dans un élan que je n'ai jamais vu si enthousiaste. Les discours d'hier, et surtout le sang-froid modéré et patient, mais inflexible que j'ai montré jusqu'à ce matin onze heures, m'ont conquis tout le monde impartial et même ennemi. J'ai bien pensé à vous pendant ces vingt-quatre heures. Je m'en suis occupé ce matin même. Je remercie bien Dieu de ce que cela s'est terminé si nettement et si honorablement, sans que je vous aie causé une inquiétude ou une larme. J'espère bien vous aller embrasser avant huit ou dix jours. Je vais rentrer tout à l'heure et, après m'être reposé un peu, fermer mes malles.

16 mai 1845.

Un mot seulement pour vous dire que nous ne partirons que dimanche un peu tard dans le jour, et que par conséquent nous n'arriverons que mardi ou mercredi vers trois ou quatre heures. ‧ Voici pourquoi : c'est que j'ai eu beaucoup de députations des étudiants ou du peuple de Paris, et qu'entre autres une députation des ouvriers de Paris m'a fait prier de remettre mon départ d'un jour pour m'apporter une adresse de leurs camarades chez moi samedi. Je suis forcé de les attendre pour les recevoir et leur répondre. De plus, j'ai pris une fluxion à la joue et un peu de fièvre. Mais c'est fini, et cela ne m'aurait pas empêché de partir demain. Nous sommes plus impatients que vous de vous revoir, nous n'avons pas d'autre bonheur. J'ai reçu hier la réponse de M. Billaut pour Emmanuel, il pourra aller tout de suite à son école.

Adieu, mes chères enfants, nous vous embrassons toutes. On m'apporte à l'instant une lettre d'Alix, j'y répondrai à Monceau. Venez-y vite. La vie est courte, et il ne faut pas perdre le peu de beaux jours d'un printemps. Adieu.

LAMARTINE.

1846

Paris, 1er janvier 1846.

Ma chère Valentine,

Je veux commencer l'année par ce qui me rend l'année plus chère, et qui me fait désirer d'en voir d'autres, c'est-à-dire par un mot de tendresse à toi et à tes sœurs. Je regrette bien de ne pouvoir vous dire que si mal et de si loin, combien vous me rendez la vie précieuse et douce et combien je fais des vœux tous les jours et à toutes les heures pour que le bon Dieu vous tienne compte dans cette vie et dans l'éternité de l'affection, que vous avez pour moi et pour votre tante. Vous pouvez vous dire avec consolation que vous êtes toute notre vie du cœur, et que nous ne vivons véritablement qu'où vous êtes. Il faut des devoirs et des nécessités d'affaires bien rudes et bien obligées, pour nous faire quitter la place, où nous vous voyons.

Je ne m'occupe pas de la Chambre où j'ai été du reste admirablement reçu, mais j'ai besoin de ne pas perdre une heure pour achever mon livre

7c

et en faire un autre, si celui-là échoue financière-
ment. Depuis mon arrivée, j'ai fait mes dix pages
tous les matins à la lampe et je continuerai tout
l'hiver. Nous avons retrouvé nos amis tels quels.
Nous menons la même triste vie. La meilleure
est dans nos pensées, qui vont toutes vers vous
et qui vous bénissent, au commencement, au milieu et à la fin de toutes les années, et de tous les
jours.

LAMARTINE.

19 janvier 1846.

Je n'ai pas écrit tous ces jours-ci parce que je
vous savais à Lyon et aux bals, et que j'étais
heureux de penser que vous aviez ces quelques
jours de distraction. Je vous voyais avec vos
belles robes bleues et roses que j'ai vues étalées
ici sur les fauteuils du salon de votre tante et que
j'ai touchées et drapées pour juger du bel effet
qu'elles feraient aux flambeaux dans une salle de
fête. Ta lettre à ta tante nous a appris hier que
vous étiez revenues et que vous n'aviez eu qu'un
bal. C'est trop peu, je voudrais vous en donner un
tous les jours, car je ne m'amuse qu'en vous. Mais
j'aimerais encore mieux vous donner un beau
voyage à Naples ou en Sicile. Je voudrais bien

souffrir à la condition que vous n'auriez que des jouissances et des joies et de la santé et du plaisir pendant vos jeunes et belles années. Il n'y a pas un jour, un matin et un soir, où je n'adresse pour vous cette prière à Dieu. Je pense que c'est du moins un plaisir pour vous et une consolation de le savoir. Je n'ai jamais si bien prié que depuis que je sais à quel point je vous suis attaché, vous me faites l'effet que de vrais enfants font à leur père, cela me console de vivre si seul dans mon avenir. Si vous n'étiez pas là, je ne m'intéresserais plus à cette vie odieuse d'homme isolé. Mais je vous vois, je vous entends, je vous comprends, je vous accompagne toujours. Avez-vous eu quelques belles heures à Lyon? Avez-vous quelques visages qui vous aient plu? Y a-t-il quelque vue de mariage dans la perspective? Racontez-moi cela comme à votre propre cœur. Le mien est aussi sûr et aussi vigilant pour vous que le vôtre même, et surtout dites-moi bien en détail comment vont exactement vos santés. Nous n'avons rien à raconter d'intéressant, nos samedis ne sont ni déserts, ni bien brillants. C'est un mortel ennui et une fièvre pour le lendemain, et voilà tout. Hier, nous avons eu à dîner et, le soir, une charmante cousine indienne de votre tante, qui viendra à Monceau. Elle est très spirituelle et très belle. Elle a quatre enfants ici avec elle, qui sont aussi très beaux. Je suis accablé de soucis, je ne les soulage qu'en travaillant comme un pauvre manœuvre tous les jours. J'ai fait un demi-volume depuis que je suis ici. Je ne fais pas attention à la politique. Ma politique, c'est de vivre en ce moment. Je vais quelquefois au théâtre avec des amis, Huber, Ronchaud, etc. Je marche depuis deux heures jusqu'à cinq, avec M. Dargaud, pour ma santé. Nous n'avons jamais personne à dîner avec nous. Vie de couvent, avec la prière, la solitude, l'exercice et la tristesse pour compagnes. Mais quand je veux être moins triste, je me reporte par la pensée vers vous. Je vous vois dans l'avenue de Monceau apportant la consolation, la joie, la conversation, le cœur et l'esprit, le rayonnement de la vie avec vous. Pensez aussi à nous, et écrivez-nous bien souvent. Adieu, mes chers anges, à revoir.

LAMARTINE.

5 février 1846.

J'espère que tu ne te trompes pas à mes longs silences et que tu n'attribues pas à l'indifférence ce qui est réserve d'amitié, pour ne pas abuser de ta correspondance. Si nous t'écrivions toutes les fois que nous sommes occupés de toi, tu recevrais trop souvent de nos lettres, car ta tante et moi, nous ne sommes pas occupés d'autre chose, ni ici, ni là-bas. Nourris-toi bien en repos de cette bonne pensée, si elle peut t'être douce dans tes ennuis d'hiver, et même dans tes plaisirs, si tu en as un peu pendant ces beaux bals, où tout le monde vous admire. Ronot nous a écrit que tu étais *Céleste* dans ta belle robe bleue envoyée par ta tante. Elle aurait bien voulu te voir dans ce rayonnement de soie et de joie, et moi aussi, mes chers anges, car mes yeux ne se reposent bien que sur vous, parmi toutes ces jeunesses, qui s'éclosent à la vie. C'est la mienne passée, qui refleurit en vous, et en vérité, je l'aime mieux en vous qu'en moi-même. Ah ! quand viendra le jour, où toutes les vies seront du même âge et seront éternelles? J'espère qu'alors vous me reconnaîtrez et que vous vous direz : c'est celui qui nous a le premier et le mieux admirés, quand nous étions sur ce tas de boue qu'on appelait la terre.

Aucune nouvelle, je voulais parler sur les affaires étrangères d'Amérique, je n'ai pas pu. Je parlerai peut-être ce soir, mais peu, sur la Syrie. Je reste muet et cependant nullement décrédité au milieu de mes ennemis triomphants et méprisés. C'est le vrai de la situation. Je n'en vois venir aucun d'autre, et après avoir encore attendu, je me lasserai d'attendre et je prendrai le repos et les habitudes du soir de la vie des hommes. Seulement, il

y aura toujours en moi la lueur et la chaleur de
la matinée, mais ce sera une mélancolie de plus.
Réfugions-nous dans la prière, mes chers anges,
et dans les communications avec Dieu, qui contient tout. Je prie déjà une grande partie de la
journée, mais dans la langue de l'âme, et sans
paroles précises ; toutes ces prières portent vos
noms à Dieu. Portez-y le mien après le vôtre.

Je me hâte de répondre à ce que tu me dis de
la part de ma tante. Dis-lui que je n'ai aucun besoin
de ses lettres de Bourbon et que le ministre de la
Marine a l'œil sur son protégé. Elle peut écrire
à la chanoinesse son amie que les choses sont en
bon train. Dis-lui bien des choses tendres de ma
part.

Tu me demandes ce que nous faisons, mes
chiens, Cocotte et moi? Nous nous regardons
tristement, en pensant aux jardins de Saint-
Point et de Monceau. Hier, j'ai été passer la journée
à dix lieues de Paris chez un vieux curé de quatre-
vingt-cinq ans, que j'ai découvert et qui avait été
appelé par les Girondins la nuit de leur supplice
pour leur donner les consolations de l'agonie.
Il m'a reçu comme un messager de la Providence
et m'a raconté les derniers moments de ces
hommes, et de la reine, et de plusieurs jeunes personnes de dix-huit et vingt ans, qu'il avait accom-
pagnées sur la charrette à la guillotine. J'ai em-

mené M. de Champvans avec moi pour noter toute sa conversation.

Nous avons vu Montherot, nous attendons ton frère, je le lui confierai, car je n'ai pas un moment à moi pour quoi que ce soit, toutes mes heures et mes forces sont prises par mes travaux et mes affaires.

J'ai parlé à la Chambre, et j'ai gagné à l'unanimité la cause de la nation maronite. J'ai écrit hier au sultan à Constantinople, pour le décider davantage. Tu vois que je sauve une nation des deux mains ; tout Paris et toute la Chambre sont en ce moment très disposés en ma faveur, excepté mes ennemis. Je suis, sans savoir pourquoi, plus fort dans l'opinion que jamais, et comme on dit : l'enfant gâté de l'opinion. Mais je n'ai pas le temps de parler à la Chambre à cause de mes affaires : libraires et *Girondins*.

Adieu à toutes. Je vais m'occuper à vous envoyer des livres.

2 mars 1846.

Ma chère Valentine,

Ton frère est ici, et je te charge de dire à ta maman qu'il est engraissé, fortifié, embelli, charmant au moral comme au physique. Cet état lui plaît, il a la persévérance et l'élan convenables.

Il ne songe nullement à le quitter et fera un bon et beau militaire. Il s'en va ce soir après quelques jours de repos et de plaisirs avec nous. Je l'ai soigné, amusé, je lui ai donné quelques louis pour ses plaisirs, mené au spectacle et donné à dîner avec ses cousins. Voilà les nouvelles. Les vôtres nous les savons par Alix. Bal et comédie. Maintenant, sermons et jeûnes, vous aimez autant l'un que l'autre Mais c'est le printemps, et voilà pourquoi j'ai toujours aimé le carême. Nos nouvelles à nous sont les mêmes que celles que je vous ai écrites il y a quinze jours, ennuis, tourments, travail, plus de *Girondins*. La Chambre m'a entraîné une fois ou deux et me retient un mois au moins. Alger, et il faudra partir. J'ai un succès de fureur de tribune ici cette année chaque fois que j'ouvre la bouche ; les cœurs et les esprits sont secrètement à moi dans la Chambre et dans le pays, plus qu'ils ne le furent jamais. Les autres font du bruit avec leurs journaux, mais l'envers des pages est à moi. Je n'y comprends rien, mais il est évident que le courant des idées me revient et m'enlèvera tôt ou tard. Je crois seulement que ce sera trop tard et que la maladie et le dégoût m'auront rendu incapable d'un rôle utile et national

Pour tout plaisir, je pense à vous, et je parle de vous avec votre tante, qui vous aime vraiment autant que moi, et c'est beaucoup dire. Je vous écrirai encore dans peu de jours. On m'offre des élections en plusieurs pays. Tâche de savoir si Mâcon est trop travaillé par M. de Thiars, ami de M. Thiers, pour que j'aie une forte majorité.

LAMARTINE.

Paris, 13 mars 1846.

Ma chère Valentine,

Je t'écris avec peine, étant pris depuis huit jours d'une grippe sur les yeux, la tête et l'estomac, ne buvant que de la tisane, ne mangeant que les excellentes gelées de groseilles d'Eulalie, et ne pouvant tenir une plume, qui me pèse comme un mât de vaisseau. C'est ma maladie du printemps, elle paraît toucher à sa fin. Elle serait déjà guérie sans l'immensité des affaires, des personnes, des rendez-vous, qui m'assiègent depuis neuf heures du matin jusqu'à onze heures du soir. J'espère que cela s'avancera bien lundi ou mardi. J'ai parlé cependant trois fois avant-hier dans la grande réunion des députés au sujet de la Pologne. Je reste ensuite hors de la Chambre huit jours, pour ne pas me mêler de la discussion d'une proposition contre les fonctionnaires publics, où je ne veux pas combattre l'opposition et où je ne puis la soutenir à cause de mes discours précédents. Ensuite je parlerai sur l'Algérie en grand, puis peut-être sur je ne sais quoi, et nous repartirons pour être le 29 avril à Monceau.

Je n'ai plus de temps à perdre, car je ne puis plus travailler aux *Girondins* depuis que j'ai remis les pieds à la Chambre. Mon cabinet ne désemplit pas d'hommes, qui viennent me prier de parler dans telle ou telle affaire. J'ai obtenu de mes libraires trois mois de plus, pour achever l'ouvrage ; ils m'ont bien payé les quatre-vingts premiers mille francs. Grâce à cela et à quelques autres petites sommes, qui vont me venir d'autres travaux, j'aurai de quoi suffire cette année à l'énorme charge de mes intérêts, remboursements et vie. Au commencement de l'autre année, je recevrai 170 000 francs en livrant la fin du livre. On me parle de 250 000 francs à 300 000 francs pour mes autres ouvrages pendant dix ans. Voilà mon budget pour toi et tes sœurs, ma chère Valentine ; vous êtes mes trésorières, et je regrette toute ma gêne, parce qu'elle me prive du bonheur de vous procurer du plaisir. Je vous suis des yeux par ces beaux soleils, à la fenêtre, à la promenade, au manège, et cependant ces premiers beaux jours rendent si malade et si triste, que je ne sais si je dois m'en réjouir pour vous. Votre tante n'est pas bien non plus, sans être malade. Elle est occupée de ses quêtes, loteries ; son salon est une place publique. Je n'y parais guère, je vis dans mon coin avec mes trois chiens, à qui je parle de vous. Je les défendrai peut-être à la Chambre (1), un de ces jours, d'un impôt, dont on veut frapper le cœur humain en eux. Quelquefois je griffonne des vers *en prose* pour ne pas me fatiguer, et conserver traces de poésie. Je suis monté à cheval deux fois depuis Monceau. Écris-moi comment va Ali, et s'il faut amener un remplaçant. Je le choisirai bien joli. J'ai de quoi en payer la moitié cette année, et la moitié l'autre. Adieu, ma chère Valentine, et à tes sœurs. Je suis bien tourmenté des souffrances de Cécile, mais à Saint-Point elle guérira. Mille tendresses aux Ligonnès.

LAMARTINE.

25 avril 1846.

Ma chère Valentine,

J'espérais avoir des nouvelles de toi tous les jours depuis quinze jours, je n'en avais que par Alix. Donne-nous-en toi-même, nous sommes sans cesse occupés de ta santé, de ton estomac, de tes souffrances, pourquoi ne pas jeter un mot

(1) Il fit, en effet, un discours à ce propos au conseil général de Saône-et-Loire.

à la poste, même quand nous n'écrivons pas ; tu n'es pas dans la même situation que nous, rien ne te gêne dans la journée, tu n'as ni ophtalmie, ni grippe, ni tribune, ni solliciteurs, ni ennuyeux, ni fièvre, ni créanciers, ni *Girondins* à mener de front (j'espère que ces reproches te toucheront), mais nous n'aurons pas longtemps à te les faire, car nous espérons bien partir incessamment. Je ne parlerai plus guère à la Chambre, et peut-être plus du tout. Je viens en deux mois d'y parler avec un succès toujours croissant dans l'opinion, la seule affaire qui m'intéressait était l'Algérie, on la remet au dernier jour de la session pour l'anéantir et je ne puis attendre si loin, le pavé de Paris me dévore et mon ouvrage ne s'y fait pas. Il faut que j'aille travailler huit mois en paix à Monceau. Le 25 décembre, je livre mes huit volumes et je reçois 170 000 ; j'en ai trop besoin pour me reposer, c'est bien cruel, car l'opinion publique ici, et à la Chambre elle-même, me soulèvent comme dans leurs bras, au-dessus des partis de mes ennemis. Si tu voyais les lettres, les journaux, les tribunes les jours où je parle, tu serais confondue d'étonnement. C'est de l'enthousiasme visible et tendre en même temps. Mais je suis toujours seul ! Seul et bien fatigué. J'ai vieilli cet hiver de dix ans, plus de cheveux au front, plus de couleur sur les joues, plus de regard dans les yeux, plus de jeunesse dans les pas ; cependant jusqu'au tombeau la jeunesse inextinguible de l'âme qui pense, qui rêve, qui espère, qui aime, qui se fond dans le cœur de la sublime nature, quand je puis en apercevoir un rameau de lilas seulement à travers mes sombres vitres dans ce cabinet, que tu connais. La meilleure moitié de notre existence n'est-elle pas où nous ne sommes pas encore, c'est-à-dire dans cet infini, dont ce vilain monde n'est que la lucarne? Lucarne bien étroite, mais dont l'âme aperçoit de loin des choses si divines et si immortelles !

Nous avons demain notre immense soirée, loterie de six à huit cents personnes, ta tante m'obsède pour des vers, en voici que je lui ai faits ce matin. Je suis étouffé sous les demandes d'autographes, visites, billets, réponses, répliques à billets, la maison est un vrai marché, c'est odieux. O avenue de Monceau où êtes-vous? Mille tendresses et toujours à tes sœurs et à tout le monde. Est-ce que tout va bien?

LAMARTINE.

4 mai 1846.

Ma chère Valentine,

Je reprends la plume après six jours seulement de violentes souffrances à peu près finies, pour vous rassurer et vous embrasser. Ce n'est qu'un fort

accès sur la hanche, comme mon père en a eu tant
et tant. J'ai déjà été hier trois heures au bois de
Boulogne, et aujourd'hui je vais courir les écuries
de Paris, pour trouver et emmener un charmant
cheval de selle, afin que Monceau soit bien peuplé
cet été. Je pars dans l'intention de passer mon été
à cheval deux fois par jour, j'écrirai *les Girondins*
de 2 à 5 heures, pour avoir les heures de fraîcheur
pour chevaucher.

Si les rhumatismes et les affaires inattendues
ne s'y opposent pas, nous comptons partir la
semaine prochaine et vous embrasser, en passant,
vendredi ou samedi. Jamais je n'ai eu depuis mon
enfance un pareil désir d'écolier de quitter Paris.
Ah ! quand n'y reviendrai-je plus ! C'est le pays des
Gaulois, ce n'est pas le mien. Nous sommes des
insectes, nés dans les rayons roses du soleil des
Alpes ou de la Méditerranée, ceux-ci sont des
insectes, nés dans la boue de la Seine, dans les
brumes de l'Océan. Que devient Mâcon? Est-il
vrai qu'on s'y acharne à ruiner mon élection?
Les uns disent oui, les autres non. Dis à Alix et
à l'abbé Thyons de s'informer sans y paraître
de l'état de l'opinion de mes électeurs, vers la
Capelle, Chintré et les Ternis? C'est là qu'est
le foyer hostile ; du reste, s'ils voulaient me faire
le plaisir de me destituer, franchement j'en serais
bien véritablement heureux. J'ai trop de ces en-

nuyeuses saisons passées sous le ciel gris avec ces
crapauds, qui croassent toujours le même air.
Un son de voix, un écho de vos rires entendu
dans les jardins de Collonges ou de ma fenêtre
de Monceau vaut mieux que tout cela. Je n'écris
qu'un mot, car je suis faible et j'ai vingt billets à
répondre. Tout Paris a été à notre porte, je n'ai
pas à me plaindre du sentiment public, mais il est
stérile, ce monde ne veut que des belles paroles,
il n'a pas le courage de me prêter force pour agir.

Adieu, adieu, j'espère bientôt bons jours. Puissent
ces pieds de mouches te graver dans le cœur toute
ma tendresse pour toi et tes sœurs.

12 mai 1846.

C'est moi qui suis chargé aujourd'hui de vous
donner des nouvelles de moi-même. Elles ne sont
pas très bonnes. Le rhumatisme continue avec la
fièvre sourde et intermittente : un jour passable
et un jour mauvais, et les douleurs plus ou moins
aiguës dans les reins. Je n'ai plus pu sortir de nouveau de trois jours, la voiture me fait trop mal.
J'essayerai encore aujourd'hui. Vous savez aussi
que notre petit *groom* s'est cassé la jambe, tout
cela à la fois nous a mis sens dessus dessous, cela
retarde notre départ, sans pouvoir dire au juste de

combien. Nous voyons avec désespoir s'écouler le printemps et se défleurir les lilas.

Priez pour nous, comme nous pour vous. Rien de nouveau du reste. Je n'ai pas fait mon nouveau marché de librairie, par conséquent pas d'argent. Cependant j'ai acheté et monté un beau, charmant cheval noir à étoile blanche sur le front, qui galope comme une escarpolette et qui est fort comme un lion ; mais hélas, je ne le vois même pas depuis cinq jours ! Je ne vois que Fido, Émir et Saillot, qui me regardent tristement et me demandent de l'œil pourquoi nous ne partons pas. Ah ! c'est bien ennuyeux d'être composé de nerfs, de sang et d'os ! Quand serons-nous vêtus de lumière éthérée ?

Je ne vais plus à la Chambre qu'une fois peut-être pour Mâcon. Mon année est finie, et je ne pourrais que la gâter ici, en me mêlant des querelles du gouvernement et de M. Thiers, voulant attaquer tout cela ensemble plus tard.

Je vois par la lettre d'Alix et par d'autres de Mâcon, que l'opinion est favorable pour moi... Je n'y veux plus toucher non plus avant les élections.

Je passe mon temps à gémir et à lire, et le soir à me fermer les oreilles pour ne pas entendre le tapage de vingt voix réunies dans le salon. Que j'aimerais mieux le rossignol et les marronniers de

Monceau, et vos voix plus chères que celles du rossignol sur la terrasse. Adieu, votre tante est là qui vous embrasse.

Non, point de cadeaux encore! Le marché rompu a neutralisé mes pauvres générosités! Vivre pauvrement et vous voir. Voilà tout.

LAMARTINE.

18 mai 1846.

J'ai reçu ta lettre hier, mais hier qui était jour de grande fièvre, car elle est tierce, j'ai été couché tout le jour sur mon canapé. Aujourd'hui bon jour, cela va mieux, sauf le rhumatisme sur la poitrine. Fais dire à Revillon de me faire venir tout de suite à Monceau une ânesse, dont le lait ait au moins trois mois, et d'acheter, s'il n'en a pas, une année d'orge, pour la nourrir. Il faut que cela soit prêt à mon arrivée. Ta lettre m'a bien touché. Je remercie Dieu de m'avoir donné en vous des enfants aussi chers que s'ils étaient miens. Je ne fais que lire et relire au coin d'un bon feu, dans les moments où la fièvre me laisse la tête libre. J'aurais voulu, et j'ai espéré aller encore à la Chambre tous ces jours-ci, et y parler, et puis 9 heures du matin venant, l'accès prend, et je remets à quinze jours. Cependant ne vous inquiétez pas le moins du monde, il n'y a aucune gravité. C'est tout bonnement un accès intermittent de rhumatisme avec fièvre intermittente, très bénigne. Mais c'est long, voilà tout. Le mois de mai est perdu, non pour la santé, que cela purifie et rend meilleure, mais pour les affaires, *les Girondins*, la Chambre, les lilas, le cheval, et autres choses encore. Mais le bon Dieu a des mois de mai dans son trésor, tant qu'Il lui plaît d'en donner, ne vous inquiétez et ne vous attristez pas surtout le moins du monde, voilà l'essentiel. Soyez égoïstes, pensez à vous et soignez votre âme, votre cœur et votre corps. Adieu pour ce matin, mes chers anges. Votre tante me soigne divinement et s'ennuie autant que moi de ne pas partir. Mais une fois la fièvre coupée, nous ne tarderons pas.

LAMARTINE.

5 juin 1846.

Ma chère Valentine,

J'ai reçu ta lettre de Collonges. Je vous vois au bord de mon étang, et vous promenant sous les fenêtres du château dans ce lac de fleurs, dont tu parles, et qui fait tant envie à ta pauvre tante, hélas! et à moi aussi. Nous avons été touchés l'un et l'autre de vos soupirs pour notre retour. Qui aurait dit qu'une année, où j'étais réellement prêt à partir le 29 avril, je verrais encore le 15 juin à Paris, qu'un concours de maladie, d'obligation pour Mâcon, et d'affaires me cloueraient ici sans rien avancer à mon livre, au moment où j'aurais le plus besoin de travailler en silence sous le cabinet de chaume du jardin de Monceau? Dieu arrange et dérange tout cela à sa manière, qui n'est pas la nôtre. Mais c'est, j'en suis convaincu, pour tout mieux arranger définitivement après. Il faut prier, louer et bénir même de ce qui serre le cœur dans l'étau de cette triste vie. Ne vous inquiétez pas de moi, je suis mieux sans être bien ; seulement je suis si maigri, si pâli, si blanchi, que vous ne me reconnaîtrez que par le cœur, mais c'est assez pour moi, vous le verrez dans mon attachement de jour en jour plus complet, plus absolu, plus dévoué, et non pas dans ma figure vieillie et souffrante. Je me transfigurerai dans le ciel pour vous rappeler ma belle jeunesse. Je passe ma vie ainsi à souffrir la nuit, rester seul dans mon cabinet jusqu'à 11 heures, déjeuner, aller en calèche avec mes chiens au fond du bois de Boulogne, y rester jusqu'à 4 ou 5 heures, en causant avec Dargaud, rêver, dormir, gémir à l'ombre d'un arbre, revenir dîner, recevoir cinq à six personnes, et aller me coucher avec un livre, voilà tout ! Cela ne vaut pas la terrasse de Monceau ; pour Saint-Point,

je n'y penserai pas, si vous ne pouvez pas y venir.
Ce que tu me dis de ma tante me laisse dans l'in-
certitude sur son état. Je pense que cela se prolon-
gera encore un an ou deux ans ; mais à ce point là,
la vie est-elle un bien? Pourquoi venir à Mâcon
nous recevoir? Nous ne tenons pas à nous y arrêter,
il vaut bien mieux que vous jouissiez quelques
heures de plus de ce beau soleil et de ce calme,
même triste de la vallée de Monceau que de vous
déranger, pourquoi? Nous irons, presque sans dé-
teler, vous demander à dîner à Collonges. On voit
mieux ses amis à la campagne qu'à la ville. Ne
changez rien à votre journée, d'ailleurs nous ne
saurons que la veille le jour de notre départ. Cette
ennuyeuse affaire de Mâcon ne viendra qu'à l'ex-
trémité de la session, on dit que ce sera vers
le 15 ou le 16, alors nous partirons vers le 20.
Ma malle est faite à ma porte depuis six semaines.
Que d'ennuis ! Je suis de ton avis, je donnerai ma
démission l'année prochaine, s'il faut mener une
telle vie pour si peu ! Pour rien même ! Pour pis
que rien ! Oh ! je me repens d'avoir monté à la
tribune ! Je me suis fait une renommée d'orateur,
et puis voilà tout. Je n'ai produit aucun bien
pour les hommes. Le pays est toujours aussi sot,
aussi cruel, aussi niais, aussi pervers. C'est la
goutte d'eau dans la mer, qui se sale et qui ne désale
pas l'océan. J'admire Champvans d'être si près de

vous et de ne pas vous voir, c'est par politique, la sienne est incroyable en ce moment ! N'en parlez pas, je vous le dirai. Il a perdu non le cœur, mais la tête, il a peur que je lui nuise par mon contact, sa pureté révolutionnaire en serait attérée. Je le sers, malgré cela, par amitié, mais c'est une amitié qui a pitié de sa folie du jour. Il ne réussira pas, malgré ses bêtises, à ce que l'on m'écrit. Adieu, mes anges, soyez toujours mes anges et ne m'abandonnez jamais de vos prières. Dieu vous a mises ici-bas pour le montrer du doigt et de l'œil et du cœur à ceux qui sont dans les ténèbres.

LAMARTINE.

Juin 1846.

Nous avons appris hier la mort de ma tante. Ma chère Valentine, nous y étions bien tristement préparés par toutes les lettres de ta maman. Dis-lui combien j'ai été sensible aux soucis, peines, soins, tristes offices, dont cette fin a dû l'accabler. Je regrette bien de n'avoir pu les partager. Sans la fièvre et la douleur, qui depuis quarante-six jours ne me laissent qu'une demi-liberté et l'affaire de Mâcon, que je ne pouvais quitter, sans m'aliéner tout le département, je serais certainement parti. A présent, tout est terminé. Nous espérons

être en état de partir samedi et arriver, lundi où
vous serez, soit à Mâcon, soit à Monceau. Nous
préférons certainement Monceau. Nous ne savons
encore rien du testament de la pauvre tante.
L'a-t-on lu? Je crains un peu qu'il ne soit confus
et difficile à comprendre. Quant au fond, tout ce
qu'elle aura fait sera pour le mieux et à bonne
intention et je me réglerai dans mes affaires sur
ce qu'elle aura elle-même réglé. Dis à ta maman
de faire sans crainte tout ce que les circonstances
commandent.

J'espère que vous reposez toutes maintenant à
Collonges de cette longue secousse, et que vous réta-
blissez les santés. Tâchez que nous vous trouvions
aussi fraîches et aussi grasses que nous sommes
maigres, jaunes, exténués et souffrants, et encore
je ne vais pas pour me reposer, mais pour travailler
tous les jours pendant huit mois. Oh ! que je voudrais trois mois de voyage et de repos au bord de
la mer, sous un beau ciel avec vous toutes. Je vais
voir demain si les libraires pourraient me remettre
encore six mois, en leur rendant vingt mille francs.
Mais d'après ce que j'entrevois, ils ne le voudront
pas, enfin vive la Providence, et fions-nous à elle.

Je viens d'avoir d'immenses séances de Chambre,
et de grands succès nouveaux.Celui d'hier sur la
Syrie et les Affaires étrangères dépasse tout ce que
vous pouvez en lire ici. C'est un fanatisme d'opi-

nion dedans et dehors de la Chambre. Cependant c'est une pauvre improvisation faite à demi et par hasard, mais le bonheur y a été. On imprime cela partout, même dans les journaux populaires. Le pays d'en bas et d'en haut ne répond qu'à ma voix, le milieu à M. Thiers ou à Guizot. La bourgeoisie me méprise et me hait ici. Cependant on m'offre deux candidatures à Paris. Je me suis décidé à ne pas les accepter, pour ne pas mécontenter Mâcon, auquel cependant je me fie très peu. On dit que le préfet me fait une sourde et rude guerre, et éloigne presque la moitié des électeurs de l'élection. Je ne sais ce qui est vrai, mais je crois qu'il y réussira, par ce qui s'est passé aux élections du conseil général, où il est venu soixante-dix personnes sur cinq cents. Cela m'a beaucoup affaibli ; du reste, si je ne suis pas nommé du tout, je serai bien heureux. Je deviens paresseux.

Alix m'a écrit une lettre admirable, je ne lui réponds pas, parce que j'arrive. Cette lettre est générale.

Adieu, mes chers anges, je vous aime plus tendrement que je ne saurais l'exprimer, mais pas autant que vous méritez d'être aimées.

LAMARTINE.

1847

26 janvier 1847.

Ma chère Valentine,

Tu sais pourquoi je ne t'ai pas encore écrit, c'est que j'ai été malade huit jours et accablé de plus de travail d'heure en heure, le fardeau était plus lourd, il est encore au delà de mes forces. *Les Girondins* à refaire, la Chambre à suivre de l'œil, les visites à recevoir, les corrections à envoyer et renvoyer. Pas un moment, mais tout cela n'occupe que la surface, ma pensée est avec vous, et n'habite pas Paris. Je vous suis du cœur dans vos bals, dans vos dîners, dans vos entretiens du coin du feu, dans vos lectures solitaires du matin, dans vos promenades. Pourquoi vos chers visages ne me réjouissent plus les yeux tous les matins? J'en ai bien besoin, je suis bien morne et bien seul, personne ne se souvient seulement que j'existe dans la Chambre. Mes dix ans de travaux pour être utile aux idées et aux choses du pays paraissent entièrement perdus; je n'y comprends rien. Quant aux *Girondins*, ils m'ennuyent horriblement, je les jetterais mille fois au feu s'il ne fallait rendre les 280 000 francs que je n'ai pas ; cependant, rien ne peut vous donner l'idée de l'empressement qu'ils excitent. Les *Méditations* et *le Génie du christianisme* n'ont pas fait pareille rumeur sourde en naissant, et sont déjà connus par morceaux de toute la littérature, l'acclamation est forte et grande, la fureur sera de même. Ils sont déjà tout imprimés, je les refais et les diminue de deux volumes sur les épreuves.

Vous savez les amours de M. de S... et d'A... (1). Dis-lui que je les favorise de tous mes vœux. Point de mariage sans amour, tout mariage est bon, quand l'amour raisonné en est, voilà mon éternelle morale sur ce grand sujet. Je ne doute pas que M. de S... ne soit promptement placé, c'est un jeune homme accompli devant Dieu et les hommes, le Grandisson de ce siècle. Qu'en dit Alphonsine? Priez bien Dieu pour nous, et pour vous ; l'amitié est tout ici-bas et ailleurs, si elle n'était pas éternelle, elle ne serait rien. Gardez-nous en une bonne part.

LAMARTINE.

(1) Il s'agissait du mariage d'Alphonsine avec M. de Jussieu de Senevier, que Lamartine venait d'arranger, ayant découvert que sa nièce aimait depuis longtemps, et avait inspiré une tendre affection à un ami d'enfance.

12 février 1847.

Ma chère Valentine,

Je suis chargé de remplacer aujourd'hui ta tante très grippée dans son lit, pour vous donner de nos tristes nouvelles. Cela va toujours bien mal. Je ne sors pas, depuis un mois, une heure par jour, grippe sur grippe, ennui sur ennui. Le plus grand aujourd'hui, c'est la maladie de Mme de Vaux, notre tante, qui est extrêmement mal et en danger depuis cinq à six jours. Si nous la perdions, nous en serions vraiment désolés. Il n'y a jamais eu dans la génération nouvelle pareille bonté, excepté vous. Nous menons la vie la plus déplorable. *Les Girondins* seuls me consolent en m'occupant huit heures par jour. Nous nous consolons aussi en pensant à vous, à vos occupations, plaisirs, bals, costumes. Nous faisons votre portrait en belle Grecque ou en... Cracovienne. Puissiez-vous briller là-bas autant qu'à nos yeux ici. Tout cela, j'espère, est preuve que ta santé est moins mauvaise. Je ne m'occupe nullement à la Chambre. Je vois, par dix ans de travail et même de succès souvent éclatants perdus, que le préjugé et l'envie sont plus forts que moi. Je n'y pense plus, mon système est la Providence, elle est la maîtresse ; j'ai fait ce que j'ai pu, cela n'a servi à rien qu'à me faire une renommée d'orateur, mais l'opinion ne veut décidément pas de moi. Je me retirerai sans rancune. Les choses vont comme je les avais prévues à Monceau en politique ; tout se brouille en Europe et le pays se perd par l'ambition bête d'une famille. La Chambre ressemble à une cohue d'écoliers obéissant au maître, personne n'y fait attention ni à mon silence ou à mon absence. Je sais reconnaître les symptômes de l'opinion publique, et je ne me berce pas d'illusions. Mon bon sens m'avertit qu'il faut y renoncer. Le succès ou la chute des *Girondins* va décider de ce que nous ferons après. S'ils tombent, je brise aussi la plume ; s'ils réussissent, je travaillerai pour vous, et non pour moi encore. Mais je crains bien la chute. Les opinions sont à l'absurde, le dieu actuel, ce n'est pas le sens commun, c'est le système et le paradoxe. Je ne suis pas de cette religion, je cours grand risque d'être excommunié.

Adieu, ma chère, aime-nous tant que tu pourras, comme père et mère. Jamais tu n'auras pour nous la tendresse paternelle que nous avons pour toi. Dis les mêmes tendresses à tes sœurs, le reste du monde nous est indifférent. Quand on redescend la vie, on se détourne pour voir ceux qui la montent et on leur jette tout ce dont on se décharge en avançant : ses espérances et ses bonheurs. Prenez-les, vous, et souvenez-vous de nous quand nous aurons disparu pour vous attendre à meilleur climat que celui-ci. J'ai bien besoin de vos prières.

LAMARTINE.

Je rouvre ma lettre, ma chère Valentine, pour te dire de la part de ta tante, d'abord qu'elle t'embrasse bien en Grecque ou en Française.

De faire dire à Revillon de Monceau qu'elle est fâchée de ne recevoir que si rarement des poulets, dindes, etc.

23 février 1847.

Ma chère Valentine,

Tout va mieux, ta tante est assez remise pour sortir. Moi, je ne sors guère, je passe neuf heures par jour, comme un ermite, dans mon cabinet avec mes pauvres chiens. Nous parlons de Monceau, de Saint-Point, de Mâcon, de vous. Nous regardons si les bourgeons poussent au bout des branches de mon petit jardin, qui se frottent contre mon balcon. Ah! que nous nous ennuyons! Il n'y a pas de Chambre. Je n'y vais même plus. Je corrige ces ennuyeux, mais bons *Girondins*. On dit que d'ici à un mois, mais s'ils se vendent bien, j'aurai fait pour six autres volumes un traité de

240 000 francs. Prie Dieu, soir et matin, nuit et jour, que les acheteurs courent le 15 mars au magasin de M. Furne. J'ai fini le cinquième volume, il m'en reste un énorme sur les bras, embarras de richesse. Ah ! que la vie est dure ! Je suis assez souffrant depuis ces beaux jours. J'ai monté à cheval trois fois, et trois fois rentré avec la fièvre et des douleurs. Je ne sors plus, tout m'ennuie, excepté la plume sur les épreuves. Je ne crois pas avoir, ni devoir parler cette année, je suis trop seul et abandonné ; la Chambre est toute composée de jeunes stupidités insolentes comme ceux que tu connais. C'est un régiment qui reçoit un mot d'ordre ; les hommes, les idées, les paroles n'y sont plus pour rien. Le roi règne et se perd, nous allons aux grandes crises avant deux ans. Je n'y pense que pour vous, car pour moi, mon parti est bien pris, mais je vis après moi dans vos vies, elles valent mieux.

J'ai su ta beauté merveilleuse et celle de tes sœurs en Grecque et en Polonaises ; de toutes parts, vos reflets sont venus ici. A Paris, on n'a pas dansé, tout est morne et froid. On n'entend que misères et bêtises. Champvans est arrivé, il est tel quel ; ce n'est plus une distraction, il est pénétré de sa valeur au delà de tout. Je ne vois que Dargaud toujours excellent, il m'aide à tout. Mme de Vaux est à merveille. Nous avons chez nous la pauvre

mère de Mlle Lacy, elle est à la mort, je crains
bien qu'elle ne succombe. J'en remercie Dieu,
car au moins elle mourra chez des amis. Elle
a failli mourir dans des auberges, en venant de
Londres.

Avez-vous des livres? En voulez-vous? Sortez-
vous? Allez-vous à Collonges voir les primevères?
Montez-vous à cheval? Racontez-vous à nous.
On dit que le jeune fiancé d'Alphonsine va vous voir.
C'est un brave jeune homme. J'en rêve sans cesse
un pour toi. Que je serais content, si tu étais
heureuse et en même temps fière d'un complé-
ment de toi, aussi bon et aussi beau que toi-même.
Que fait Cécile? On dit Alix souffrante, plains-la
bien de ma part. Hélas! hélas! hélas! qui est-ce
qu'il ne faut pas plaindre dans ce monde des gé-
missements intérieurs et extérieurs? Je n'ai
jamais trouvé qu'un remède à tout : prier, prier,
prier! L'entretien avec l'infini, la toute bonté,
la toute-puissance.

LAMARTINE.

17 mars 1847.

Voici, ma chère Valentine, le premier exemplaire
des *Girondins* que je vous envoie. Je n'ai que le
temps de vous dire que recueils, journaux et

revues en sont pleins. C'est un effet qui dépasse tout, sur tout ce qui a été vu jusqu'ici.

LAMARTINE.

Chère Valentine,

Je n'ai pas écrit ces temps-ci, parce que j'espérais partir pour Monceau. Voici deux ou trois grosses discussions dans lesquelles je serai forcé de parler cette semaine, qui me retiendront. Rien de nouveau que l'ennui, la migraine et le beau temps, et le monde fou à voir et à recevoir tous les jours. Je vais me brouiller quinze jours avec l'opposition par sa faute. Ce ne sera rien, ils ont peur de moi, et n'osent pas se lancer en avant ; l'opinion, la jeunesse, la presse sont trop passionnées pour moi. Je suis la popularité, en ce moment, à moi tout seul.

Nous pensons sans cesse à vous, et au plaisir de quitter cet ennuyeux Paris. Écrivez-nous souvent. Que je regrette que vous ne soyez pas ici par ces beaux jours, où il y a encore société, et déjà nature.

Notre concert a fait époque ! C'était magnifique hier soir, deux cents personnes jusqu'à minuit. Je n'en puis plus. Je vous quitte pour répondre à quelques lettres personnelles. Je vous écrirai après mes nouvelles discussions dans deux ou trois jours, en vous les envoyant pour les journaux de Mâcon. M. Ronot m'écrit qu'il est confondu de ta capacité, raison, prudence comme homme d'affaires, et chargé de mes intérêts. Je te remercie bien et t'aime de même. Dis à tes sœurs la même chose et embrasse-les pour moi. Adieu, aimez bien votre oncle.

En ce printemps de 1847 Valentine accepta une demande en mariage venant de la part d'un prétendant qui lui plaisait fort. Ces fiançailles furent aussitôt brisées que conclues, la jeune fille en éprouva un très vif chagrin, ainsi qu'on peut le comprendre. Lamartine s'était empressé d'aider à la réalisation de ce mariage, en envoyant le petit mot suivant :

19 mars 1847.

Tu diras à ta maman que nous t'assurerons Saint-Point à toi et à tes enfants et qu'en cas de prédécès de toi sans enfants, la terre fera retour à nous, ou à nos héritiers pour la famille.

Mais les renseignements donnés sur ce fiancé ne laissant prévoir que des tristesses pour l'avenir, une rupture s'imposa. Ce n'est que le 7 mai que la correspondance avec Valentine reprend.

7 mai 1847.

Ma chère Valentine,

Si je ne t'écris pas, ce n'est pas ma faute, tu devrais le savoir. Comment peux-tu croire que mon affection soit diminuée? Jamais une affection, depuis que je vis, n'a diminué encore dans mon cœur. C'est un bon terrain où tout grandit et se creuse des racines plus fortes avec les années. Plus tu es malheureuse, isolée, triste, dégoûtée de vivre, malade, découragée, plus je t'aimerai. Je n'ai pas l'âme lâche, c'est mon seul mérite. Si tu tombais dans le désespoir, dans l'infirmité, dans la misère, dans le mépris du monde, je t'aimerais un million de fois plus encore, il faut le savoir une fois pour toutes. C'est ma nature.

Et moi aussi je mène une triste vie, mais c'est mon métier, mon rôle, mon âge. Je ne me plains pas, je ne plains que toi. Je m'occupe d'arranger les choses ici de façon à te faire entrevoir un charmant et pur jeune homme, dont tu posséderais l'âme et le cœur, et toute la vie, ce n'est pas trop pour la tienne, mais il ne faudra pas te forcer le cœur le moins du monde, s'il ne te plaît pas, celui-là est de la vraie timidité, et non de la comédie comme l'autre. Mais néanmoins, si la comédie vous séduit plus que la nature, je prêterai la main à tout ce que tu préféreras. Si ni l'un ni l'autre ne sont choisis, il s'en présentera d'autres. Celui de Cécile fait insinuer un peu que c'était surtout toi qu'il aurait voulu. Je ne sais ce qu'il se passera ici, quant à Cécile je ferai tous mes efforts pour plaire à son futur et pour l'amener à la choisir (1). Cela fait, et Alphonsine préparée, l'année ne se passera pas, sans que tu sois demandée et redemandée. Soigne seulement bien ta santé et ton âme. Dieu est pour toutes.

Nous sommes accablés de lettres et d'affaires. Publier un livre en huit volumes d'une main, et de l'autre corriger deux éditions prochaines de ces mêmes huit volumes, répondre à quarante billets ou rendez-vous par jour. Préparer d'autres affaires pour l'année prochaine, recueillir les matériaux de six autres volumes, s'inquiéter de ma femme surchargée de travail, poursuivre des amitiés de société, des devoirs pénibles, dérober une heure à peine pour aller flatter son cheval et rêver dans les longues et vides allées d'un bois sans feuilles, gémir de vous être si peu utile, voilà plus qu'il n'en faut pour charger une tête et des épaules fatiguées d'années et de chagrins.

LAMARTINE.

(1) Ce projet de mariage pour Cécile n'aboutit pas. Elle épousa plus tard le baron de Beer, petit-neveu de la baronne Oberkirch, dont les Mémoires sur la cour de Montbéliard sont connus.

21 mai 1847.

Ma chère Valentine,

Je ne puis te dire combien mon cœur est plein de tes larmes et associé à tes peines. Hélas ! je n'ai que cette consolation à t'offrir. En vérité, c'est une horrible et déplorable aventure. Je ne veux pas te consoler trop, mais quelquefois je suis tenté d'être soulevé pour toi. Dieu que c'est mal apprécier le trésor de Dieu. Ce jeune homme me plaisait, parce qu'il te plaisait, mais si tu ne lui plais pas, il ne me plaît plus. Voilà toute ma disposition envers lui.

Je te vois d'ici sous les grands saules humides du bois d'Igé. Dis à Mme de Morangié que j'ai une amitié réelle et profonde pour elle, à cause de celle qu'elle a pour toi et que tu as pour elle. Que ne pouvez-vous venir à Paris? Mais en ce moment ce ne serait pas sûr. Je vais y rester moi-même pour mes affaires jusqu'au mois d'août, alors je tâcherai d'aller à Mâcon.

23 mai 1847.

My dear Valentine,

Voici un seul petit mot, car je ne puis écrire tant je suis accablé de lettres et submergé d'enthou-siasme croissant de toutes les parties du monde. J'aurais publié un évangile nouveau que l'émotion ne serait pas plus incendiaire. Je réponds trente lettres par jour. Excusez-moi donc, car en écrivant aux inconnus, je ne pense qu'à vous.

Rien de nouveau, si ce n'est que la loterie a été tirée hier au soir. Votre tante très malade, très malade, mieux ce matin. Elle a à peine pu paraître sur un fauteuil. Il y avait une grande foule, une chaleur affreuse. Nous sommes ce matin dans le plus grand désordre de maison.

Rien de nouveau pour Cécile, le monsieur y était, mais il ne se prononce et ne se prononcera pas avant Bordeaux. Je crains que l'image qu'on lui avait faite de toi, ne s'interpose entre Cécile et lui, et puis il est indécis de nature. Quant à toi, les conditions de fortune proposées par. le père du jeune homme sont trop minimes pour qu'on y pense. La mère ne veut pas non plus marier son fils. Tout cela se dénouera bientôt et je crois par un non de notre part.

Je compte être à Mâcon du 15 au 20 à peu près. Je suis bien impatient de vous revoir, comme tu peux le penser. Ma femme veut aller aux bains de mer sans moi. Elle pourrait t'y mener avec elle, ce serait bien. Elle est très souffrante, sans aucune inquiétude cependant. Aimé Martin, mon ami, est presque mourant ; tout est triste, mais Dieu est pour tous.

Adieu, my dearest Valentine.

LAMARTINE.

18 juin 1847.

Ma chère Valentine,

Tu sais par Cécile que je n'ai pas écrit un mot depuis un mois, parce que j'ai eu une série d'indispositions, fluxions, qui m'ont tenu muet de la main, mais non du cœur. Maintenant je vais mieux et nous nous préparons à partir dans trois ou quatre jours, lundi ou mardi.

J'ai eu l'embarras du choix entre trois traités à conclure pour l'histoire de la Constituante. Je me suis décidé, j'en ai signé un, qui ne donne pas le plus d'argent comptant, mais qui me donne l'espoir ou presque la certitude de payer largement mes dettes en trois ou quatre ans. J'en ai payé 400 000 déjà cette année, et il me reste de quoi bien vivre, et bien payer successivement tout ce qui pourra survenir d'ici longtemps, sans inquiétudes de ce côté. La Providence a bien protégé et au delà les *Girondins* et l'auteur, et vos prières ont été bien exaucées. Cela dépasse en succès matériel, en crédit sur l'opinion et en crédit sur les libraires tout ce que je pouvais imaginer de mieux.

Les santés ne vont pas si bien. Ta tante et moi, nous sommes très souffrants et compromis. Ta tante ira à Marseille huit jours après son arrivée à Mâcon, et vous emmènera, une ou deux. C'est moi qui veux cela, si cela ne vous contrarie pas trop. Vous lui servirez d'enfants, vous voyagerez, vous respirerez, vous prendrez des bains, vous naviguerez. Moi, je resterai à Saint-Point tout seul, je recevrai mon banquet, et j'irai mi-août vous chercher et prendre aussi un air de soleil, de mer, et quelques bains à Marseille ou à Ischia. Je fais pour cela une bourse à votre tante. Ruminez tout cela, et tâchez que cela vous plaise un peu, car c'est pour vous. Et puis l'automne vous viendrez passer deux mois ici, et nous recevrons pour vous montrer. J'aimerais bien être de la partie, mais c'est impossible, il faut savoir obéir à la nécessité. Nous nous reverrons toute la fin de l'été, et tout l'automne.

Adieu, embrasse tes sœurs pour nous. Vous savez combien nous vous aimons. Les années et les misères, et les maladies, et les fortunes, et les infortunes n'y font rien. Vous êtes notre meilleur présent et tout notre avenir.

Marseille, 16 août 1847.

Ma chère Valentine,

Il faut que tu sois l'œil de ma tête, et que tu me rendes compte, d'après Revillon, de l'état des vignes et de la maturité du raisin, de la proximité ou de l'éloignement du premier jour de la vendange, afin que je règle moi-même ma marche sur ce que tu m'auras dit. Ce sont des pouvoirs que je te donne dans cette lettre ; je te fais plénipotentiaire à Monceau et à Saint-Point et à Milly.

Tu connais notre établissement ici, et tu vois que nous avons résisté même au roi des bateaux à vapeur, chauffant pour nous, déviant de trois cents lieues de sa route pour nous conduire en droiture à Palerme, ou même en second lieu à Ischia. J'ai manqué de cœur pour faire tout cela sans vous. Chaque vague m'aurait crié vos noms en reproche, et chaque étoile de la nuit m'aurait plongé un rayon douloureux dans les yeux. Je n'aime pas à revoir les choses et les lieux, que j'ai vus avec d'autres et qu'ils ne voient plus avec nous. Il me semble qu'ils sont morts et j'y cherche leurs ombres dans la nuit et dans le vide. Il vaut mieux peupler seul un lieu, qui n'a jamais été peuplé par ceux qu'on regrette. C'est ce que nous faisons ici. Nous sommes les pieds dans la mer bleue, dans une maisonnette entourée de figuiers battus par le flot, voyant cingler les pêcheurs aux voiles triangulaires et glisser les bateaux à vapeur, qui n'emportent du moins que nos âmes vers les golfes connus de *Livourne,* de *Civita-Vecchia* et de Naples. Mais quant à l'horizon, à la chaleur, au ciel, à la physionomie orientale, nous n'avons vraiment rien à regretter. Nous nageons en pleine lumière, en plein azur, en pleine Méditerranée, en pleine vague, en pleine jeunesse de cœur et d'imagination, dans ces beaux lieux. Le Dante cependant a oublié dans son enfer ce petit coin d'une sérénité resplendissante, d'un ciel de cristal, d'une mer de saphir, d'un air parfumé et enivré d'aromes célestes, mais où l'on est seul, condamné à ne pas voir jouir ceux ou celles qu'on aime de l'atmosphère de beauté, de lumière, de joie, de vie dont on jouit ou dont on souffre soi-même! Ainsi, tout peut tourner en peine, même le bien-être, quand on aime trop ses nièces et qu'on ne les voit pas jouer dans le bateau ou courir dans le jardin. Dieu m'est témoin que le contraire m'est doux et que je me sentirais heureux dans les brouillards et les neiges de Saint-Point, si je vous savais jouissant et enivrées du beau ciel de Sicile sans moi, mais avec des amis de votre choix. Voilà mon fameux égoïsme, vous le comprendrez, vous, à qui Dieu a donné de si bons cœurs, mille fois meilleurs et plus sensibles que les cœurs un peu secs de ma mauvaise génération. Je travaille du moins pour me distraire. Marseille m'a reçu comme un prophète du peuple. Les ouvriers, informés je ne sais comment de mon arrivée, sont venus quatre à cinq mille se ranger le soir sous nos fenêtres dans un silence majestueux. J'ai cru à une émeute :

c'était une députation et une ovation, on m'a offert des banquets et j'ai tout refusé. Je me suis sauvé dans cette retraite, nous y avons bien des visites, mais je ne reçois que le soir, et le soir, j'ai soin de m'en aller. Nous rentrons, nous lisons, nous nous couchons. Voilà la vie.

Votre tante se trouve à merveille des bains de mer, sauf le fond de sa maladie, qui la tourmente encore, mais grâce à Dieu un peu moins. Elle prend deux bains par jour à sa porte. Moi je n'ai pas osé encore, car je souffre trop de l'estomac. Je commencerai demain la mer chaude, puis la mer froide, et je verrai. Les bains de Camoens sont trop sulfureux ; je les ai goûtés et je me suis sauvé bien vite ; du reste, cela ne va pas mal pour le moment, pour un mourant d'habitude. Mais cela va mal de l'âme, quand je pense à Saint-Point. Que le monde est stupide, et qu'on est stupide encore de le compter pour quelque chose et de faire attention aux stupidités absurdes, qu'il invente pour se désennuyer. Je suis bien loin de ce qu'il pense. Se sacrifier à ses rêves, c'est être plus chimérique que lui. Dieu sait s'il y eut jamais dans mes attachements une seule des folies, qu'on prétend qu'il m'attribue. Mes affections, mes chers anges, sont plus hautes et plus éthérées que ses mauvaises pensées. Si j'aime en effet, c'est d'un tout autre sentiment que ceux qui sont à sa mesure et à sa portée. Je n'ai aimé qu'en

Dieu dans ma belle jeunesse ; aurais-je attendu mes
années du soir pour aimer vulgairement et grossièrement comme le vulgaire des hommes? N'en
croyez rien, la consolation des années avancées,
c'est d'aimer encore, mais sans retour sur soi-même,
et en se désintéressant de tout, excepté du bonheur
présent et futur de ceux à qui notre âme s'est con-
sacrée. Mais en voilà trop sur ces misères, on me re-
connaîtra après moi. Adieu, mes chers anges. Priez
tous les jours pour nous. Il n'y a pas une heure de
la journée, où votre nom ne soit porté par nos vœux
à Celui qui tient dans ses mains le cœur, le sort, la
vie, l'avenir de ses enfants. Je crois à ce commerce
à travers le ciel, malgré notre ami Ponsard ; Dieu
est l'ami à qui on peut parler à cœur ouvert de ses
amis absents. Il n'a pas à s'offenser et je n'ai pas à
m'humilier de tout ce que je lui dis de vous et de
tout ce que j'implore pour vous. Vous êtes tout
l'avenir bien raccourci de celui qui est votre père
dans son cœur.

LAMARTINE.

Marseille, 5 septembre 1847.

Ma chère Valentine,

J'ai été bien longtemps sans vous écrire. C'est
que nous sommes tous malades et surchargés
d'écritures forcées, de harangues, de banquets.

Nos nouvelles sont tristes et ennuyeuses. Le temps est froid, la mer sauvage, le vent coupant, l'estomac et la névralgie, malades comme il y a six ans, votre tante toujours souffrante malgré les bains de mer, sans nulle amélioration, et moi de mal en pis. Voilà le produit net de ce long voyage. Nous nous acheminerons bientôt pour revenir avant les vendanges. Je pense qu'au plus tard nous arriverons du 15 au 20. Il faut dire à Revillon que tous les domestiques et chevaux soient à leur poste à Monceau le 14.

Marseille me comble toujours d'enthousiasme et de faveur publique. J'ai été escorté dans les rues par des applaudissements de milliers de mains. On aurait dételé mon fiacre sur un seul geste. L'Académie m'a aussi fait une réception ; la société et même les *légitimistes* les plus ardents viennent chez moi et sont à merveille comme si rien n'était. Mais nous sortons peu de notre chaumière, je travaille autant que le permet mon estomac. Nous sommes bien empressés de revenir. Le climat est beau à l'œil, mais pas à la peau comme celui d'Ischia et d'Italie. Nous regrettons Naples, et je me réjouis que vous n'ayez rien à regretter ; mais au contraire, vous vous seriez ennuyées. La mer hurle sous ma fenêtre, elle est affreuse. Je vois passer des bateaux à vapeur, mais sans les regretter pour cette année.

La mort de Ronot me fait un vide au cœur comme aux yeux. Aimé Martin me manque, Dargaud m'inquiète sérieusement. Restez-nous, et aimez-nous pour tous ces cœurs qui s'éteignent.

LAMARTINE.

1848

Revenu à Paris au commencement de cette année de 1848, qui allait marquer une date si mémorable dans sa vie, Lamartine reparut à la tribune le 29 janvier à l'occasion du débat sur l'adresse. Son discours sur la politique extérieure eut un grand retentissement. L'agitation envahissait non seulement Paris, mais la France entière ; des manifestations répétées laissaient prévoir un danger toujours croissant qu'un gouvernement aveugle et méprisé s'obstinait à vouloir vaincre. Lamartine, sans illusions à ce propos, voyait venir l'orage, il l'attendait avec ce calme et cette magnifique force d'âme, dont à aucun moment il ne devait se départir. Le 16 février, il écrivait à Valentine la lettre suivante :

Depuis notre arrivée ici, nous avons toujours été malades. Ta tante reprend ses souffrances de l'année dernière, parce qu'elle reprend ses occupations et ses écritures trop nombreuses. Moi j'ai la maladie générale et obstinée, une grippe qui revient tous les deux ou trois jours. Nous sommes de plus dans des agitations qui m'arrachent à chaque instant à mon lit ou à mon coin de feu pour aller à des réunions. Mardi nous avons un banquet de cent mille hommes au moins. Nous ne savons comment cela tournera, mais je fais ce que je crois mon devoir envers les idées et envers le pays, sans m'inquiéter des suites. Nous sommes en grande crise, elle sera finie jeudi. Priez bien Dieu pour moi. Dieu aime les prières pour les autres. La vie n'est bonne qu'à donner à Dieu, pour ce qu'on croit sa cause et celle des hommes.

Quant à la Chambre, j'y ai reparu deux fois avec un *immense succès*. J'y reparais ce matin encore pour une affaire de Mâcon, après avoir parlé à la réunion de l'opposition à midi. Ma situation est bonne, le peuple m'est extrêmement favorable, cela ne signifie pas grand'chose à mes yeux, parce que je sais ce que vaut la popularité. Aussi je ne m'y attache pas, mais je cherche en conscience mon devoir et je sais ce que je veux faire triompher de ma faible voix.

On dit que vous vous *mariez toutes*. J'en suis ravi, pourvu que ce ne soit pas loin de nous, et que le cœur précède un peu à la main.

Adieu et tendresses.

LAMARTINE.

La lettre suivante a déjà été publiée dans l'ouvrage de Mme Émile Olivier sur Valentine de Lamartine, ainsi que trois ou quatre autres que nous n'enlevons pas à cette correspondance inédite pour ne pas en dénaturer le sens.

27 février 1848.

Ma chère Valentine,

Je dérobe une minute à la patrie pour vous dire tendresse, souvenir, pensée de vous-même au milieu du feu et des balles, et de l'enthousiasme fanatique et double de la République, que je fonde et de l'ordre que je sauve. Ah ! quels jours et quelles nuits je viens de passer, les pieds dans le sang, parlant à la lettre sur des corps morts, des milliers de piques, sabres, baïonnettes, fusils chargés sans cesse dirigés contre ma poitrine et roulant autour de ma tête. Des colonnes de peuple ivres et furieuses se succédant sans discontinuité, demandant *Lamartine!* l'écoutant après d'horribles menaces, puis s'attendrissant, pleurant, lui arrachant ses habits (j'en ai perdu trois), puis devenant sages et doux comme des agneaux ou des lions domptés, et lui obéissant de proche en proche jusqu'à ce que d'autres colonnes furieuses viennent les remplacer, inonder les escaliers, les appartements, enfoncer les portes en criant :

Lamartine, Lamartine seul! sa tête, sa tête!
puis la même scène de menaces et de tendresses.
Pendant ce temps-là, pas un morceau de pain
seulement, ni un verre d'eau en vingt-quatre
heures ; le lendemain de l'eau et du pain seulement, ma femme séparée de moi, trente-deux heures
sans nouvelles, la presque certitude que pendant
que le peuple nous étouffait, la garde nationale
et l'armée ralliées à la régence allaient venir
d'heure en heure prendre nos têtes. Soixante
coups de fusil tirés contre moi, dans la journée du
vendredi, soixante discours, deux cents ordres
envoyés, etc. Enfin, dans la nuit de vendredi,
des ordres envoyés par moi à tous les quartiers
appelant, homme par homme, douze cents braves
jeunes gens et gardes nationaux, la peur saisis-
sant tout le monde, le courage revenant au récit
de mes efforts pour sauver Paris, puis la double
victoire sur le gouvernement, et sur cent mille
hommes des faubourgs, Paris enfin levé en armes
à mon *nom seul*, le samedi. Le dimanche, cent
vingt mille baïonnettes dévouées, de tous les
partis, passant devant moi en revue, aux cris de :
Vive Lamartine ! doublés au moins de ceux de :
Vive la République ! Quarante mille amis me rame-
nant deux jours de suite à la maison. L'impossibilité d'aller dans les rues de peur d'être étouffé
par les embrassements passionnés du peuple.

Tous les partis : *légitimistes, catholiques, républicains, banquiers, militaires, bourgeois* se rallient à moi comme à un seul parti. L'adoration universelle, l'enthousiasme au delà de ce qu'il fut jamais pour un homme dans l'histoire. Je te répète ici les expressions *unanimes.* Aujourd'hui, Paris aussi calme, aussi gardé, aussi heureux qu'un jour de fête au printemps. Pas une victime ! Pas une proscription ! Pas une vengeance ! La peine de mort supprimée par moi, après cinq jours d'effort. Le roi fugitif et caché, la duchesse d'Orléans et son fils remis à ma responsabilité et, j'espère, sauvés. Voilà le récit court, mais littéral, de ces six jours.

L'Europe et tous ses ambassadeurs acceptent, consentent, et pleurent d'admiration, point de guerre intentée par nous. Peut-être point faite contre nous. Mais nos seules idées et nos seuls exemples soulevant les peuples et grandissant la France.

Oh ! si vous avez eu de quoi prier, vous avez de quoi pleurer et bénir Dieu !

Votre tante a été héroïque. Elle n'a pas plus tremblé que moi. Je faisais mon devoir. J'avais donné à Dieu et à nos idées mille fois ma tête. Je l'ai jouée quarante mille fois, et je n'ai que des déchirures de sabres et de piques. On tâchera de réunir plus tard les deux cents discours que j'ai faits au peuple. Il ne veut entendre à aucun autre nom. Il me menace seulement, et la bourgeoisie encore plus, de me proclamer, les armes à la main, *dictateur* ou *consul;* je les retiens, en les assurant qu'ils me feront fusiller dans la nuit et qu'ils perdront la République. Maintenant, nous sommes solides. Nous aurons des émotions, des clubs, des factions, nous avons des ambitieux parmi nous-mêmes, mais nous vaincrons.

Adieu, ma chère Valentine et vous tous. Voilà un récit qu'il faut me garder pour, non pas de plus beaux jours (il n'y en a pas dans la vie d'aucun mortel), mais pour de meilleurs jours. Ceux où je vous reverrai à Monceau, ou dans la solitude de Milly.

Dis à M. Rolland qu'il se montre ainsi que Mâcon au niveau de *nous* ici, qu'il tienne ferme contre l'anarchie et contre la monarchie, qu'il lise ma lettre à M. Garnier, à Vervant, à Lacretelle, à tous nos amis, à Ordinaire, à M. Guyard, à tout le monde. J'embrasse Mâcon de ces mêmes bras qui ont embrassé deux cent mille hommes du peuple de Paris.

Maintenant, je vous embrasse vous toutes bien tendrement, comme un homme, qui revient du tombeau et qui retrouve ceux qu'il aime.

Vous jugez bien qu'étant en ce moment le président par délégation de la République et le point d'action de l'Europe, du peuple, de l'armée, des honnêtes gens et des scélérats aussi, j'ai peu de minutes pour dormir, causer ou dîner. Je n'ai fait que deux repas en six jours, et je n'ai dormi que six heures. Adieu mes enfants, adieu toute la famille et tout le pays, aimez-moi comme je vous aime et priez Dieu encore et toujours.

LAMARTINE.

16 mars 1848.

Ma chère Valentine,

Je t'écris à une heure du matin du sein du Conseil, et pendant que nous sommes campés au Luxembourg au milieu de six mille hommes, et après une journée de quatorze heures de discours, conseils, combats, triomphe, défaite, et enfin triomphe définitif, mais prêt encore au coup de fusil. Tu verras dans les journaux la séance de la journée, l'attaque à l'Assemblée, son oppression, puis sa délivrance par ma main, puis ma marche à l'hôtel de ville à travers le peuple et à la tête de la garde mobile et de la garde nationale, puis mon retour dans un triomphe d'une lieue, plus grand, plus amoureux qu'aucun roi ou empereur n'en eut jamais. Je n'ai rien mangé depuis hier. On m'a fait boire vingt fois sur la route à des cruches de bière et d'eau. Mon cher cheval *Saphir* a été héroïque et adoré, il a marché au milieu des baïonnettes, des épées, des sabres, des cris, des transports, qu'on entendait de l'autre rive. Il avait jeté par terre un officier en venant me chercher, parce que j'avais d'abord monté, en allant à l'hôtel de ville, un cheval d'officier de dragons. Votre tante a été fort courageuse. Je crois que la République est affermie et l'Assemblée sauvée, cependant nous aurons peut-être encore demain des contre-coups. Mais l'esprit général est admirable au fond, et sauvera certainement la France. Remerciez Dieu. J'ai bien pensé à vos prières en me sentant perdu pendant trois heures, l'Assemblée, la France et moi. Priez toujours de plus en plus. Vous voyez que cela sert.

J'ai reconquis en trois heures toute ma popularité dans la garde nationale et beaucoup, je crois, dans l'Assemblée nationale. Je suis plus le dieu du Paris honnête que je ne le fus jamais avant. Je modère mon élan dans l'âme du peuple, car on criait : Vive le *roi Lamartine!* Je m'efface et je m'associe exprès à mes collègues moins populaires ; on m'en blâme, mais c'est bien au fond. Je prie Dieu sans cesse pour ce que je veux faire pour la République, là est la force et l'espérance.

Je suis impatient de revoir Alphonsine. Remerciez Dieu.

LAMARTINE.

22 mars 1848.

Ma chère Valentine,

Je n'ai qu'une minute. La maladie de ta maman nous a bien tourmentés. Prenez toutes les précautions pour sa convalescence. Voilà le mois d'avril qui guérit les poitrines. Écris-moi souvent, n'adresse pas les lettres ici, mais chez M. Dargaud qui me remettra vos lettres. Ici, il en arrive trois mille par vingt-quatre heures. Il est impossible que les vôtres ne soient pas ouvertes dans la masse ou perdues.

Paris est calme depuis deux ou trois jours à la surface, mais le fond des démagogues terroristes, clubistes à mauvais projets est très agité, quoique peu large et peu profond. Dans l'absence de toute autre force que nos poitrines, je ne comprends pas comment nous existons encore, il y a bien des mauvais projets contre nous. Ce n'est pas précisément contre moi que les clubs jugent l'homme nécessaire, mais si on veut toucher à un de mes collègues, même à mes ennemis, je prendrai fait et cause pour tous. Le gouvernement provisoire est indivisible, ébréché, il serait avili et perdu. Nous en sommes là, tout dépend d'arriver à l'Assemblée nationale. L'harmonie est assez rétablie dans l'intérieur du gouvernement. M, Ledru-Rollin et moi nous sommes en bons rapports depuis que j'ai combattu et fait rectifier sa circulaire ; j'espère que nous tiendrons ainsi, sans en être sûr. Il ne faut pas compter sur vingt-quatre heures, nous pouvons être enlevés ou fusillés toutes les nuits et tous les jours, c'est une maladie comme une autre. Je suis bien calme à cet égard, parce que j'ai la conscience que je travaille uniquement pour la cause de Dieu, et que je lui donne volontiers ma tête. Ainsi s'il m'arrive malheur, ou plutôt le bonheur de sacrifier ma vie pour lui, sachez que c'est volontiers et que j'irai tout droit et tout purifié à Dieu, comme un soldat mort dans sa cause et dans celle de l'esprit humain.

Je suis toujours immensément populaire dans la masse de tous les hommes de bien, à quelque condition qu'ils appartiennent. Je n'ai contre moi que les *Catilinas* du moment, encore ont-ils délibéré cette nuit qu'en brisant le gouvernement provisoire ils me remettraient à la tête du second.

Priez Dieu nuit et jour qu'Il sauve la République, elle seule peut sauver la raison humaine en Europe. Vous voyez comme ma politique réussit vite à l'étranger.

Adieu, adieu et mille tendresses partout et pour vous toutes.

LAMARTINE.

29 mars 1848.

Ma chère Valentine,

J'attendrai ton frère, dès que l'état de ta maman lui permettra de venir ici. Je l'enverrai à Rome, c'est mieux pour lui et pour ta maman ; les amourettes sont les mêmes partout, c'est une mauvaise raison. Il sera entre M. de Forbin-Janson le fils, admirable jeune homme, pieux, excellent, et le duc d'Harcourt mon ambassadeur, deux hommes du plus haut mérite, et de vertu.

Maintenant parlons de vous. Nous avons passé deux jours affreux d'inquiétude sur ta maman. Grâce à ta lettre, nous voilà heureux et tranquilles.

Quant à nous, la popularité du gouvernement provisoire augmente beaucoup d'heure en heure. Mais le danger des conspirateurs et des assassinats en masse augmente aussi. Nous sommes livrés à Dieu seul pour tout défenseur encore trente-deux jours. Chacun a son plan d'attaque contre nous. Je ne dors pas deux heures par nuit. Je tiens tous les fils les plus ténébreux dedans et dehors. Je ne puis pas me plaindre du peuple et des ouvriers des faubourgs de Paris, qui sont d'un dévouement pour moi, au moins égal à celui des départements. Il paraît que beaucoup de grands départements me porteront comme expression de leur pensée. Je crains plutôt l'excès de faveur publique. Mais mon cœur n'est nullement distrait par de si lourdes affaires, il est toujours avec vous, avec mes amis de Mâcon. N'oubliez pas de prier en famille, et en particulier sans cesse pour nous et pour moi. Dieu seul peut nous inspirer, nous défendre, nous sauver. J'espère qu'Il daignera le faire non en vue de nous, mais en vue des idées que la République est destinée à faire prévaloir pour Dieu et pour les hommes.

Je t'écris du sein du gouvernement, au Luxembourg. Je te quitte pour délibérer, mais ma pensée ne vous quitte pas.

LAMARTINE.

20 avril 1848.

J'ai je ne sais combien de lettres commencées, ma chère Valentine, aucune ne peut aller à fin, essayons celle-ci. J'ai passé dix-sept heures de suite à passer en revue quatre cent mille hommes. C'était l'insurrection calme, forte et pacifique de l'ordre contre le terrorisme et le communisme. Paris a entendu ce jour-là des millions de voix criant : Vive Lamartine! l'idole du moment. Mais l'idole honnête. On peut dire que j'ai en ce moment l'âme de neuf cent mille âmes à Paris, et celles de l'Europe dans ma pauvre poitrine brisée. Les grands dangers pour la patrie et pour la propriété

sont conjurés. La France honnête fermement re-
présentée par le peuple de Paris est invincible,
l'épreuve en est faite deux fois cette semaine.
Il n'y a plus de danger que pour moi, mais je mour-
rais sans regret et sans crainte pour une si belle
cause, bien sûr que tout serait remis en meilleur
ordre le lendemain. Cependant je regretterais bien
de ne pas passer des années de paix auprès de vous
à Saint-Point, ou à Monceau. Mais le ciel est plus
grand que ce grain de sable, nous nous y retrou-
verons dans d'autres Saint-Point éternels. Il
est évident, du reste, que Dieu a son idée sur moi,
car je suis un vrai miracle à mes yeux. Je ne puis
pas comprendre, autrement que par un souffle
de Dieu, l'inconcevable popularité dont je jouis ici,
dans les rangs les plus pauvres et dans les salons
des plus riches, dans les boutiques des rangs inter-
médiaires. C'est du fanatisme. Je ne puis être
aperçu nulle part sans une émeute d'amour. En
Europe mes nouvelles disent que c'est encore
plus fort, dans les départements aussi. Il y a là
une étoile invisible à mon œil. Je pense que ce
sont les amis que j'ai au ciel et vos prières. Les
plus pauvres femmes font prier leurs enfants pour
M. de Lamartine qu'ils ne connaissent pas (1).

---

(1) Des témoignages les plus touchants de dévouement et
d'admiration lui arrivaient chaque jour de la part d'inconnus ;
nous en avons un là, sous les yeux : une petite image de la

Je te laisse pour aller au gouvernement. Puis j'irai une heure et demie à cheval pour respirer, puis du travail jour et nuit. Je ne me porte pas mal, sauf encore la grippe quelquefois. Après l'Assemblée nationale, à la fin de mai, il faudra venir ici. Je veux vous montrer, je suis bien pauvre, mais pas plus ruiné qu'avant. Je vous enverrai six mille francs pour venir et vous parer.

Embrasse tes sœurs, qu'elles écrivent souvent, toi ou elles. Cette lettre est collective pour toutes. Je vous dis combien nous vous aimons toutes, mais je le dis mal et bien vite.

Ton frère repartira ces jours-ci pour Mâcon avec M. de Jussieu de Senevier ; de là, il ira à Rome tout de suite. Adieu, priez sans cesse pour votre tante et pour moi. Elle est très courageuse. Mille tendresses de cœur.

LAMARTINE.

1er juin 1848.

Chère Valentine,

Je ne t'ai pas écrit depuis quinze jours parce que nous avons été constamment en émotions,

---

Sainte Vierge épinglée dans une lettre qui contient simplement ces mots : une Lyonnaise qui serait heureuse de donner sa vie si elle pouvait à ce prix conserver la vôtre à sa chère Patrie, cette terre des grands cœurs !

en agitations, en tristesses. Je suis maintenant
au fond de l'impopularité à Paris et dans les départements, parce qu'on voulait que je fusse la
personnification et l'instrument d'une réaction
impolitique trop prompte et trop forte contre mes
collègues du gouvernement provisoire, et que je
chassasse les républicains à trois mois de la naissance de la République. Je ne veux pas ; la Chambre
me boude, la garde nationale m'accuse, je suis en
butte à tout le monde à la fois. Cela ne m'ébranle
pas, parce que j'ai la certitude que cela me perdrait
comme valeur et force d'avenir dans deux ou trois
mois. Alors, le pays qui aura besoin de moi ne me
trouvera plus. C'est mon seul motif. On m'applau-
dira dans six mois de ce dont on me blâme avec
colère en ce moment. Mais d'ici là, je serai dénigré,
accusé et peut-être bien emprisonné. C'est l'histoire ! Cela ne m'étonne ni ne m'afflige. Mes amis
me font de grands reproches, mais ils ne me com-
prennent pas. Nous avons du reste assez de calme
depuis quelques jours, et je crois que la République
traversera les difficultés de son commencement
après quelques orages encore.

Si tout se passe passablement, je crois qu'au
mois de septembre je pourrai aller deux mois
auprès de vous à Monceau et à Saint-Point. Ah !
que j'ai besoin de vous revoir et de me retremper
les yeux et le cœur dans vos yeux et dans vos

cœurs ! L'homme est bien véritablement double et infini dans sa double nature, tout entier à son œuvre intellectuelle et politique. Je me dédouble à chaque instant pour me retrouver en pensée, en âme, et en cœur à Saint-Point, Milly, Monceau, à cheval dans la montagne, et même sous les longs arbres du parc d'Igé, où vous rêvez et où vous priez maintenant pour moi.

Je n'ose pas encore vous dire de venir ici, mais j'espère que dans quelques semaines nous pourrons avec plus de sécurité vous inviter et vous donner notre maison. Je ne loge pas au Luxembourg, je loge au bois de Boulogne. J'y ai quelques nuits de paix à entendre le rossignol. J'y ai une garde à pied et une garde à cheval d'une vingtaine d'hommes. Mais j'y serais aussi bien seul avec cinq ou six bons sous-officiers en habit bourgeois. Il est possible que je me retire ces jours-ci, et alors je serai tout le jour là-bas. C'est alors que vous pourriez venir, et nous voir un peu à l'aise.

Écris à ta maman (1) que j'ai besoin de savoir ce qui me reste d'argent à Mâcon, afin que j'en dispose selon mes besoins. Vous entendrez dire qu'on va m'exproprier pour Milly ; c'est vrai, mais ne vous inquiétez pas, d'ici un mois j'arrêterai la chose, en payant les 20 000 ou 15 000 francs

(1) Ses nièces étaient en visite chez des cousins, les Morangié, au château d'Igé.

qu'on me réclame si grossièrement. Il est curieux qu'un chef de l'État soit exproprié faute de 20 000 francs. C'est pourtant vrai.

9 juin 1848 (déjà publiée par Mme E. Ollivier).

Ma chère Valentine,

Ta lettre de quatre pages a été lue comme elle a été écrite, avec une tendresse que je n'ai pas besoin de te redire, car les jours et les années ne font que la rendre plus pénétrante, plus adhérente et plus incorporée au cœur. Je prends un petit moment au milieu de mille ennuis et de mille dangers pour t'envoyer un souvenir de tous les moments. Tu me dis que je suis ton seul ami et confident depuis ta naissance ; je désire l'être jusqu'à la fin, ou plutôt je suis convaincu qu'il n'y a point de fin, et que la fin de nos attachements sur la terre est précisément le commencement d'un attachement éternel, ou plutôt d'une identification complète avec ceux que nous aimons. Ainsi sois tranquille, je serai toujours ton ami et toujours ton confident, quand même nous ne nous reverrions jamais sur la terre. (Voilà mon mot interrompu de vingt-quatre heures.)

Je reprends, et je reprends mes sentiments pour

toi juste où ils étaient hier, avec vingt-quatre heures de plus de durée et d'éternité. Les affaires de Paris sont très orageuses en ce moment. Nous marchons tous les jours et tous les soirs sur un volcan d'émeutes soldées par les partisans des Buonaparte et des princes de la dernière monarchie. Nous sommes de plus menacés de deux grandes attaques à main armée au premier jour, l'une par la *régence*, l'autre par les anarchistes, communistes et autres. Cela peut être grave, et la monarchie peut y succomber et moi aussi. Néanmoins je ne me trouble point, et j'ai bonne espérance au fond de l'âme. Dieu sauve la République toutes les fois qu'elle paraît perdue ; il a, je pense, ses desseins sur elle et veut qu'elle serve au développement des grandes vérités religieuses, pour lesquelles seules je me suis dévoué moi-même à la Révolution. Aussi c'est pour toi le moment de fondre ta belle et tendre âme en prières pour le triomphe des idées de Dieu et pour le salut de celui que tu aimes plus qu'aucune fille n'aima jamais son père. Quand je suis un peu découragé, triste, et tenté de désespérer des difficultés de la République, je pense à toi, je te vois les mains jointes devant ton Christ, et tes beaux yeux animés d'un rayon céleste de foi, d'espérance et d'amour ; et la foi et l'espérance rentrent à l'instant dans ma pensée. Quant à l'amour, il n'en sort jamais, mais tu sais quel amour, celui des esprits et pas celui des hommes.

Maintenant veux-tu savoir ma vie ces jours-ci? La voilà : je viens à Paris à 9 heures, je siège au Luxembourg jusqu'à 3 ou 4 heures. Je remonte en voiture, je rentre dans mon bois, je trouve mes chevaux, je me prends une heure dans les allées sombres, oubliant tout, excepté ceux que je n'oublie jamais. Je vous vois sous les arbres, je vous parle, vous me répondez. Je reviens dîner, si Paris est calme, je reste la soirée, s'il est agité, j'y rentre et j'y couche. Quand j'ai une nuit paisible, je me repose au chant du rossignol et respirant un air qui me repose beaucoup les nerfs et rétablit sensiblement ma santé malgré les soucis du jour. Tout cela entremêlé de prières, de pensées avec vous, de lectures de quelques minutes, de visites, de secousses d'esprit, mais d'immobilité de cœur. Tu en sais maintenant tout autant que moi sur le fond de ma vie et de mes pensées. Tu m'as entendu souvent penser tout haut devant toi, comme devant Dieu. Eh bien ! c'est comme si tu m'entendais toujours, il n'y a pas un atome de changé dans mon être, si ce n'est que tout cet être est de plus en plus absorbé dans les mêmes sentiments que tu connais et qui se sont tout à la fois pétrifiés et allumés en moi pour l'éternité. Ainsi pendant que tu liras cela dans les bois d'Igé, je serai à la tribune ou au conseil étouffant, momentanément ma pensée sous les affaires pour la retrouver toute vive et tout entière en sortant de l'Assemblée, et pour la promener dans les bois ou la retourner sur mon oreiller, en priant Dieu pour la République, pour toi et pour tous ceux que j'aime ici-bas ou là-haut.

1er juillet 1848.

J'ai reçu ce matin ta lettre dans mon lit, ma chère Valentine. C'est le premier jour, depuis le 24 février, que j'ai passé au lit ; ce n'est qu'une courbature et pas de fièvre. Je bois de la tisane et je lis un voyage. Je n'ai couru qu'une heure de danger grave personnel (1). J'ai mon cheval tué, ou à peu près, l'autre un peu blessé, et plusieurs morts autour de moi. Sans le peuple, qui s'est jeté trois fois sur mon cheval pour le retenir, je voulais me faire tuer. J'aurais mieux fait, car à présent on m'accuse d'avoir conspiré avec ces misérables conspirateurs ; l'absence de troupe, qui est une trahison de quelqu'un contre nous, m'est reprochée comme un crime. On a parlé partout ces jours-ci d'accusations contre moi. Je ne m'étonnerais pas que le délire de l'absurde portât

(1) Insurrection du 23 juin.

ceux que j'ai eu tant de peine à sauver et à créer depuis quatre mois à me punir de les avoir sauvés. Dieu a fait l'homme ainsi. Je n'en veux pas à ceux qui m'accusent, ils le font à bonne intention, au moins dans l'Assemblée nationale. Le temps éclairera tout cela, et la justice reviendra. En attendant, je sais souffrir sans bouder et sans me plaindre. Mais parlons de vous.

Je ne pense pas qu'il soit prudent avant quelques jours de faire partir Alphonsine (1). Il faut attendre que le gouvernement soit affermi. Mon successeur et ami, le général *Bedeau*, est encore au lit pour quinze jours. Quant à ce qu'écrit Emmanuel, cela n'a pas le sens commun.

Je n'ai pas quitté encore Paris pour Madrid ; s'il n'y a pas de danger à Madrid, il y en a plus dans les rues de Paris par l'irritation absurde de la garde nationale, tout tombera d'ici à huit ou dix jours. Ils ne sont pas venus au danger, ils crient maintenant à la vengeance contre moi, qui suis allé seul avec mes gardes mobiles décimés, les braves seuls sont venus et ont été des héros ; heureusement que la France entière est venue et que l'armée a été sublime. Maintenant qu'on a joué la comédie si tragique de l'absence des troupes pour nous faire retirer, il y a une armée pour

(1) Alphonsine devait venir chez les Lamartine, **pour se** retrouver près de son fiancé.

tout sauver encore. Vous pouvez être tranquilles, même si vous apprenez qu'on se bat encore. Tes prières et celles de tes sœurs m'ont été d'un grand secours à l'âme et au corps. Je n'ai plus rien à faire, je me remets à écrire un peu l'histoire de ce que j'ai vu et fait dans ces trois premiers beaux mois. Ce qui s'est fait depuis que j'ai consenti à laisser mon nom dans la commission exécutive, c'est Dieu seul qui l'écrira au livre de mes décharges d'autres fautes, car je l'ai fait pour lui, sachant bien qu'en huit jours de cette situation fausse et absurde, je perdais *présidence, renommée,* popularité et tout. Cela ne sera beau et compris que là-haut. Mais *vous,* je veux que vous le sachiez au moins, je ne puis pas remonter de bien longtemps au pouvoir, si même je ne sors pas vite de la politique, où je ne puis plus bien servir. J'irai certainement vous voir à Monceau vers septembre, peut-être avant, plus ou moins de jours ou de semaines. Je n'ose pas vous inviter ici pour contempler de si tristes choses. Crois-tu que je serai en sûreté à Monceau? Comment sont les paysans pour moi?

Marcellus est admirable. J'ai encore de bons amis, et Rolland entre autres. Je ne doute pas du ciel, j'y crois plus qu'à la terre, cependant j'estime la terre d'avoir produit des êtres et des âmes et des cœurs comme vous aussi, cela me donne une bonne idée du séjour, où tout sera parfait. Je ne doute pas que Dieu ne nous y réunisse à ceux ou à celles que nous avons justement chéris ici-bas. Je pense que mon œuvre humaine est peut-être finie par cette fondation de la République, qui fondera autre chose et où j'aurai mon nom et ma main de loin. Je prie Dieu de la conserver et de lui faire porter ses fruits dans leur temps. Je vais me replier sur moi-même un peu, et dans les intervalles de tumulte me nourrir des pensées en attendant la volonté de Dieu.

Quant à la jeunesse de Marcellus, il en a une éternelle au cœur, mais pas sur les traits et sur la tête. Je n'ai plus un cheveu blond, tout est blanc comme l'hiver !

LAMARTINE.

6 août 1848.

Qu'il y a longtemps, ma chère Valentine, que je n'ai pu écrire. Enfin, voilà une demi-heure à enlever aux soucis du moment pour me reporter sur ce papier vers vous. Tu as maintenant près de toi le jeune couple (1). On n'y touchera pas, dis-le

(1) Les Jussieu de Senevier qui partaient pour l'Italie; Lamartine avait nommé le mari d'Alphonsine consul **général** à Livourne.

à ta maman. On parle d'un mariage à Rome pour Emmanuel, répugnant à ta maman. J'en aurai bientôt des renseignements que je vous enverrai. Les folies de ce genre ne sont pas les pires ; ainsi dis à ta mère que quant à moi je ne me mettrais pas en grande colère. S'ils s'aiment et si la jeune Romaine est bonne, il faudra pardonner, je ne sais rien d'autre à ce sujet. Fiametta est arrivée en bon état, je vais la monter aujourd'hui. J'ai eu hier un monde énorme à ma réception, l'esprit public a un retour bien marqué de soutien et de faveur pour moi. Dans le peuple même, c'est plus prononcé que je ne le désirerais. Mon nom rallierait dès à présent des masses d'adhérents passionnés, mais je ne veux rien rallier que de l'estime. Je ne veux pas de passion, pas de républicanisme incendiaire, pas de malentendu entre moi et le peuple. Une République modérée et honnête ou rien, voilà mon dernier mot. On est un peu agité dans l'Assemblée ces jours-ci par l'*enquête*. Elle n'a rien trouvé naturellement contre moi, mais elle va donner lieu à de vives, tristes, orageuses discussions ; j'y prendrai part dans le sens d'une concorde nécessaire, et de l'oubli entre les partis. Le bon sens de la masse de l'Assemblée me fait espérer qu'après avoir fait bien du tapage, cela finira par la concorde, comme la guerre d'Italie finira par un arrangement, dont j'ai pesé les bases il y a trois mois et demi. Malgré ma tristesse, je persiste dans l'optimiste providentiel dont Dieu nous a donné tant de gages depuis trois mois. Il ne faut à la France qu'un peu de raison, et elle en a au fond et beaucoup, et un gouvernement doux en commençant et ferme dans les crises. On commence à reparler un peu de moi pour la présidence de la République. Je ne la crois, ni ne la désire, mais vraiment tout est possible avec la mobilité du vent de l'opinion. Les affaires reprennent un peu, on commence à rejoindre des éditeurs et des projets de publications. J'ai fait une petite affaire de 4 000 francs hier.

Dis à Mme de Pierreclos que je ne lui ai pas écrit parce que je la croyais à Lyon. Je lui écrirai cette semaine. Je voudrais bien vous trouver tout à l'heure à Madrid. Il me vient depuis quelques jours des centaines de lettres de repentir et d'amour. La pitié commence par le cœur des femmes, elles me comblent plus que jamais de dévouements inconnus.

LAMARTINE.

Madrid, 24 août 1848.

Ma chère Valentine,

Je suis depuis trois semaines dans une migraine des yeux, de l'estomac, de la tête continuelle. Ah ! que la vie est triste. J'ai immensément de tribulations pour moi, mais surtout pour la République. Le peuple est pitoyable de légèreté, les factions les plus niaises le.remuent comme elles veulent. J'en parle sans rancune, car à présent on dit qu'il revient avec une extrême passion vers moi. Je reçois cent lettres par jour. Je t'en envoie deux bien touchantes. Il y a de grandes vertus sous cette écume de vices, de belles âmes disséminées çà et là dans la foule, j'espère qu'elles sauveront le reste. Les affaires vont mieux pour le commerce et le travail. Elles iraient tout à fait bien, si les ennemis de la République ne travaillaient pas sans cesse à inquiéter. La fameuse enquête sur mes prétendus crimes m'a rendu service, malgré ses mensonges et ses bêtises; on s'étonne de me trouver si innocent. Je viens d'écrire une lettre intitulée : « lettre aux dix départements ». Je m'y justifie clairement à leurs yeux de tout ce qu'on m'a imputé. Elle est simple et modeste et sans aucune éloquence. Je te recommande de la faire répandre dans les villages des environs à profusion. Il faut en charger M. Buysse ou M. Ordinaire ou qui vous pourrez. Paris en aura par milliers. On me dit que ces jours-ci, si on nommait le président de la République, j'aurais ici autant de voix qu'il y a trois mois. Mais cela changera dix fois avant la Constitution. Demain, j'ai le projet de parler à la Chambre, il y a une discussion un peu large. On m'attend impatiemment à la tribune, mais je ne veux plus guère y monter. Je suis trop malade et trop las de toutes choses. Je voudrais que la République marchât seule bientôt et finir ma vie publique. La retraite de Madrid me plairait bien, si elle n'était si loin de vous. On s'y croit, et on peut y vivre comme à cent lieues du bruit de Paris. Je monte à cheval dans les champs déserts et moissonnés des bords solitaires de la Seine. Fiametta est devenue belle et merveilleuse. Fais donc vendre Sultan.

Nous allons commencer la Constitution dans huit jours. Je crois bien, venir vous voir à la fin d'octobre. Je ne suis plus aimable, à peine supportable, et vous des anges ici-bas. Adieu, priez, priez, priez, le secours est là-haut. Si la clef du trésor est dans votre cœur, priez Dieu de l'ouvrir pour nous tous.

LAMARTINE.

10 septembre 1848.

Dear Valentine,

J'ai un petit moment pour vous écrire entre cent audiences et lettres. Je le saisis pour consacrer mon dimanche par une œuvre de fête et de piété aussi, car l'amitié est un culte.

Je suis fort démoralisé et découragé (comme on dit) et je ne reste que par devoir au poste de l'ennui et de l'injustice. Hélas ! c'est le poste universel, excepté où vous êtes ; je vous suis dans vos promenades du soir et du matin dans l'avenue, et je pense vers le petit pavillon vide, où vous veniez me voir griffonner les premières pages des *Girondins*. Pourquoi notre âme, qui a tant d'ailes, n'en peut-elle pas prêter une paire à nos pieds? En descendant de la tribune, ou en sortant triste et abattu de l'Assemblée, j'irais un moment me fortifier de quelques bonnes aspirations près de vous. Nous prierions pour notre pays, pour la sainte et belle République, que nous avions fait traverser si purement et si miraculeusement l'abîme de sa naissance. Nous demanderions un peu de bon sens pour le peuple, qui se montre depuis trois mois si léger, si inconstant, si incapable de vouloir atteindre un grand but de l'esprit humain, si affamé des dieux et des oignons d'Égypte qu'en vérité, si ce n'était pas Dieu qu'on aime et qu'on veut servir en lui, on serait tenté d'en détourner ses regards et ses pensées et de lui dire : « Rentre dans toutes tes servitudes. »

J'ai remonté à la tribune, il y a cinq jours (1), pour une improvisation non préméditée, tout

(1) Séance du 6 septembre. Sur la Constitution.

accidentelle. Il paraît que mon inspiration visible et mon accent ont tellement ému l'Assemblée qu'il y a eu un contre-coup électrique, qui dure encore. Tous les spectateurs me disent qu'ils n'ont jamais été aussi impressionnés par leur sens à la parole, au geste, à l'élan calme et planant d'un orateur. Mais il ne reste rien de cela, rien du tout dans le discours écrit que je vous enverrai dans deux jours. Les libraires en font plusieurs éditions populaires. Celles qui ont déjà paru ne sont pas bonnes. J'en ai corrigé une, c'est celle-là que je prierai de faire répandre à profusion dans les boutiques de Mâcon et dans les villages environnants ; un peu aussi, mais sans affectation et par voies indirectes, Saint-Sorlin, Prissé, Bussière, Saint-Point, Tramayes. Un ou deux exemplaires par commune.

L'opinion s'est arrêtée à mon égard, il est certain que je ne serai pas même discuté pour être président. C'est la Chambre qui le nommera, là je n'aurai pas dix voix. Je parlerai contre ce mode de nomination, mais ce n'est pas en vue de moi que je parlerai. Je désire passionnément que ce calice passe loin de moi, et ce désir est maintenant aussi ardent que sincère. Je voudrais que ce fût le général *Cavaignac* qui a assez des qualités des premières années de la République. Quant à moi, je ne demande qu'à me retirer inaperçu dans un coin quelconque du globe, avec l'espérance de vous voir quelques jours de mon âge froid. Il en sera comme Dieu voudra.

Tout est tranquille ici, excepté quelques clubs électoraux, où l'on déclame contre moi. Mais la masse du peuple m'est immensément revenue dans toute sa partie saine. Hier en passant à cheval, avec votre tante, dans des champs à deux heures de Paris, j'ai été reconnu par des ouvriers et par une noce réunie auprès d'un cabaret. Nous avons été à l'instant entourés, bénis et salués très longtemps et très loin par des cris de : Vive Lamartine ! aussi ardents qu'en février. Je reçois de nouveau plus de cent lettres par jour. Il n'y en a guère que deux ou trois de menaces de mort et d'injures, tout le reste est attachement et dévouement. Il m'en vient aussi beaucoup de l'étranger dans le même esprit. Je t'envoie des vers qui m'arrivent pendant que je t'écris. Je donne énormément, et tout l'argent que je puis me procurer, mais ce n'est pas par politique, c'est par pitié pour tant de misères honteuses ; au reste elles vont diminuer. Les affaires reprennent assez bien, les libraires me reviennent. Ils m'ont donné 6 000 francs hier, il m'en restera peu ce soir. Soignez bien mes vendanges.

LAMARTINE.

Sans date.

Nous sommes dans le moment le plus critique et le plus étroit de nos difficultés et de nos orages. Nous ne manquons ni de courage, ni d'efforts, ni de volonté, ni même des censeurs passionnés pour moi de la population de Paris. Ma femme et moi nous avons eu peine à nous échapper aux étouffements du peuple, en sortant de l'orphéon, où six mille ouvriers ou spectateurs m'avaient salué à mon entrée des plus vives acclamations. Mais d'ici à quinze jours encore, nous n'avons aucune force armée, et nous avons quarante mille hommes flottants entre les mains de nos ennemis. Nous pouvons être enlevés chaque nuit, fusillés chaque jour. Je reçois des milliers d'avis d'assassinat, mais je me fie à Dieu. J'espère qu'il nous laissera sauver la France, car pour le monde, il tombe dans nos mains pièce par pièce par l'effet de mon système fraternel avec les peuples. La France est plus relevée que par vingt campagnes de l'abaissement et de l'impuissance extérieure où elle était.

Girardin est atroce et se conduit en vrai fou dans un moment où nous couvrons seuls sa tête et celles de millions d'hommes. Son journal fait exprès disparaître l'argent et ameuter cent mille ouvriers. Nous avons peine à contenir la colère générale contre lui.

Priez bien, et bien pour nous.

LAMARTINE.

21 septembre 1848.

Mes chers anges solitaires de Collonges,

Ceci est une lettre de vigneron. Soignez et pressez mes vendanges dans les trois vignobles. Avancez aux vignerons ce qui leur sera nécessaire pour se procurer du pain l'hiver. Faites-moi encaver en tout dix-huit cents ou deux mille pièces de vin si vous pouvez, mêlez celui de Saint-Point à celui de Milly s'il n'est pas trop mauvais. Dites à mes vignerons que je suis de cœur auprès d'eux, suivant ces belles vendanges par une saison merveilleuse, et qui promet un hiver moins difficile à passer pour les pauvres gens, par l'abondance de tout.

Tout cela exécuté, parlons d'autre chose. La République est dans une crise nouvelle par le bonapartisme, nouvelle démence des ouvriers et des boutiquiers de Paris. Nous la soutiendrons, j'espère, avec énergie et sagesse. Peut-être y périrons-nous. Cela dépend du maître suprême. Si cela arrive, ne me plaignez pas, ne vous affligez pas trop. Le désordre ne sera certainement pas long, et il se trouvera un autre Lamartine pour ramener, comme pendant trois mois, le peuple et la garde nationale au sens commun et au courage. Je suis décidé à combattre de ma personne et de mon fusil, puisque je n'ai plus à combattre de ma parole et de mon esprit. C'est le devoir d'un bon citoyen, qui veut tâcher de préserver à la fois la société de la honte et de la violence des mauvais partis. Prier Dieu en ce moment, c'est toute la politique. Il fait ici un temps de Naples, j'en jouis quelques heures à cheval à Madrid tous les jours. Je ne parle pas, parce que ce n'est plus le moment de parler, mais de regarder et d'agir. Je deviens très fataliste ou plutôt très abandonné à la Providence, la conjurant que tout soit pour le mieux de ses grandes vues sur l'humanité, et surtout de ses vues pour rapprocher l'esprit de l'homme de l'idée lumineuse et régulatrice de Dieu. Adieu donc, ce bas monde m'ennuierait si vous n'y étiez pas. Mais vous y êtes, c'est une consolation.

LAMARTINE.

8 octobre 1848.

Ma chère Valentine,

Un seul mot d'amitié avant de rentrer à Paris ; j'en suis sorti hier après un triomphe d'éloquence de deux heures dans l'Assemblée nationale. Tous les journaux en sont retentissants comme mon chef-d'œuvre d'improvisation dans toute ma vie politique. Quant à moi, je viens de me relire sans me comprendre et avec dégoût. Mais l'émotion, la spontanéité, le geste, le regard, la voix, la taille, la tribune ébranlée, les acclamations de deux mille auditeurs, la chaleur des interruptions et des répliques, la tristesse énergique de ma péroraison ont produit un effet tel que je n'en ai jamais vu de pareil et que la Chambre entière s'est sauvée à 5 heures sans vouloir, ni pouvoir plus rien entendre (1). Je pense que ce matin elle trouvera, comme moi, détestable cette improvisation tronçonnée et peu grammaticale. La péroraison seule me paraît encore belle de fierté et de sentiment. Je n'ai pas dormi, je sors du bain. Je ne reparlerai pas aujourd'hui, parce que plusieurs de mes amis sont venus me dire, hier au soir, qu'après un tel discours, il fallait se taire ou mourir. J'aime mieux me taire dans l'espoir de vous revoir bientôt. Je pense toujours à prendre un congé soudain de huit jours, ce qui n'empêchera mon congé d'un mois plus tard. Mais je ne veux d'ovation à aucun prix. Donnez-moi des nouvelles de mes triples vendanges. Combien aurai-je de vin en arrivant? Il faut toujours et tous les jours prévenir tous les marchands pos-

(1) Séance du 6 octobre 1848. Pour la nomination du président de la République.

sibles, gros et petits, de me réserver leur clientèle.

N'oubliez pas cela. N'oubliez pas de m'envoyer des courges, n'oubliez pas d'aérer et de chauffer le château, chambres et salons de temps en temps.

Les choses vont assez bien ici, tout se calmera. Bonaparte seul nous importune. Ma faveur dans tous les partis revient à un haut degré, excepté chez les rouges de la République et chez les clubistes, que j'attaque et que je suis résolu à vaincre peu à peu. Si vous lisiez les vingt journaux de ce matin, vous seriez étonnées, on me propose hardiment pour chef de la République. J'espère que Dieu écartera ce calice. Je ne veux que la régulariser et la soutenir. Je crois que j'y parviendrai, sauf la bêtise du bonapartisme qui m'inquiète pour six mois. Priez, priez !

Maintenant parlons de vous. Tu peux dire à Mme de Pierreclos que les représentants reviennent aussi en masse à moi, que je n'ai qu'à les ralentir et à les éloigner, ne voulant pas reprendre le timon ; parce qu'on me croit à tort coupable d'imprévoyance dans les journées de Juin, il faut me retremper longtemps dans l'impopularité imméritée avant d'avoir reconquis la confiance des imbéciles, et par conséquent la force. Maintenant je nuirais au lieu de servir. On vient m'arracher à vous pour me faire corriger mon discours qu'on imprime pour le peuple et les départements.

Cette lettre donc ne compte pas. Je vais demain à la campagne sur la route de Sens. Je voudrais aller plus loin.

LAMARTINE.

Paris, 11 décembre 1848.

Chère Valentine,

Si je n'ai pas écrit, tu sais pourquoi. Je nage dans le papier, les heures se rongent, le soir arrive, la nuit tombe, le cœur est brisé, la main malade. Je ne veux pas vous écrire des tristesses. J'en suis trop submergé par ce que je vois, et surtout quand je pense à vous, je ravale mon chagrin et le lendemain ressemble à la veille, ainsi passe la semaine sans oser vous écrire. Enfin ce soir entre deux visites, et quatre heures de courses, je veux vous dire un mot. Voici donc de mes nouvelles en détail.

D'abord l'estime et l'affection presque générale me sont revenues avec une unanimité et une tendresse de cœur visibles sur les visages dans la rue. Avant-hier, dînant chez un restaurateur, Véry au Palais-Royal, dont les fenêtres donnent sur les galeries, quelques passants me reconnurent à travers les rideaux ; ils prononcèrent mon nom, la foule s'amassa et resta en masse innombrable pour me voir et me saluer à ma sortie de table. J'ignorais ce rassemblement. Je tombai au milieu,

je fus acclamé par une multitude amie et passion-
née, qui me força de me réfugier au théâtre du
Palais-Royal longtemps assiégé d'acclamations.
Depuis quelques jours je marche seul dans les rues,
et parmi les foules des boulevards, et partout où je
suis reconnu, j'éprouve l'accueil le plus affectueux
de toutes les physionomies et de tous les gestes.

12. — On m'a interrompu là. Le scrutin ouvert
partout donne à mon nom à peine *une voix sur
mille*. J'en éprouve une joie indicible, car ce que je
vous disais était vrai. Je craignais plus que la mort,
la présidence. J'ai, au lieu de cela, la plus noire, la
plus bête et la plus universelle ingratitude, dont les
services inouïs d'un homme aient jamais été payés
et cela à la fois par la classe du peuple, que j'ai
élevé, et par la bourgeoisie, la noblesse, que j'ai
couvertes de mon corps trois mois durant et que
j'ai seul et entièrement sauvées... Et néanmoins
je ne puis me dissimuler que l'estime secrète, et
le respect, et la tendresse presque générale me
reviennent à grandes masses. Mais on va où va le
vent, et on se perd par ses lâchetés. Bonaparte sera
inévitablement nommé. Mes amis et moi, nous
avons porté le général Cavaignac, mal pour moi,
lui-même, mais utile au moins comme situation, si
le pays eût conservé son demi-bon sens. Cette unanimité, du reste, empêchera les grands mouvements
à Paris et ailleurs. Quand il n'y a pas de conflit, il

n'y a point de combat. On espère que Bonaparte composera un bon ministère et que la confiance se rétablira vite. Je n'en ferai pas partie, c'est M. Barret et M. Thiers qui le nomment, dit-on, sous le masque.

Je travaille à mon histoire tous les jours à 6 heures du matin. *Raphaël* est imprimé et peut paraître quand il voudra, je l'ai bien corrigé à l'impression. Je vous enverrai les premiers exemplaires.

Adieu, mes chers anges, faites comme moi, priez nuit et jour pour la République et pour les braves gens. La Providence ne se voile jamais que pour un temps, Dieu est toujours derrière le rideau. Pensons-y et rassurons-nous surtout. Mes seules pensées terrestres sont avec vous.

LAMARTINE.

J'écrirai peu, je n'en puis plus, bien que très bien portant. Voici un anonyme qu'on m'apporte, j'en reçois par centaines, tous bons et affectueux

19 décembre 1848

Chère Valentine,

Rien de nouveau, tu vois, l'ingratitude éclatante et générale en apparence. Je fais semblant de la prendre pour réelle, et tu vas me voir agir en conséquence, en refusant la vice-présidence de la République qu'on m'offre malgré moi. Je ne donne pas ma démission encore de représentant, pour ne pas agiter Paris par la réélection, mais je la donne moralement. Je ne parais plus guère à l'Assemblée. Je travaille à mon histoire. Je suis décidé à me faire l'*éditeur* de mes œuvres choisies moi-même, par souscriptions recueillies d'avance. Je vous enverrai cela imprimé. Peut-être serai-je obligé de quitter la France et de disparaître quelque temps, mais cela n'empêchera pas ma publication et le paiement de mes dettes par le produit. Je compte, s'il le veut, mettre M. Dubois de Cluny à la tête de cette opération commerciale. Je n'y risquerai rien, car je n'imprimerai qu'autant que les souscripteurs m'auront demandé de volumes. L'opération que j'ai soumise aux libraires consommés, paraît une combinaison heureuse et sûre.

Quant à la politique, Paris est en ce moment très calme et très brillant, on travaille, on agit, on commerce, on espère. Il y aura au moins une lune de miel, j'en profiterai pour mes propres affaires. J'aurai fini l'histoire de Février en février prochain, dans deux mois. Je l'écris tous les matins, avant le jour, en pensant à vous, et à la nécessité de ne pas vous léguer des misères. Après cela, je ferai autre chose en publiant mes œuvres complètes en avril. Je serai tout à fait négociant, je l'affiche comme *Mirabeau marchand de draps.*

Le *Bien public* est fini et s'unit à la *Presse,*
M. de Girardin revient de mon côté. Je sais ce
que cela vaut. *Raphaël* est imprimé, mais je n'ai
pas pu encore en avoir de broché pour vous. Cela
ne tardera pas, il ne paraît que dans vingt jours
en vente, pour laisser à Mme de Peyronnet le
temps de le traduire.

Adieu, mes anges bénis, écrivez-moi souvent,
ne vous tourmentez pas de moi. Je suis prêt à tout,
résigné à tout. J'ai agi en vue de Dieu. J'ai fait
des fautes, mais je suis disposé à en subir la peine.
Priez pour le pays, pour les idées, pour vous et
pour ma femme, et pour moi seulement après tout
le reste.

LAMARTINE.

Je t'envoie une jolie lettre que je reçois à l'instant. J'en reçois d'anonymes affreuses tous ces
jours-ci, comme au 23 juin, quelques-unes de charmantes. Écrivez-moi, mille tendresses à Alix et à
Cécile.

LAMARTINE.

1849

Voilà la première fois que j'écris ce chiffre de l'année nouvelle. Il m'est doux de l'écrire d'abord pour vous, ma seule famille en arrière de mes années, et qui comptera celles que je ne compterai plus. Je n'ai pas besoin de vous dire à toutes, de quelles prières au Maître des jours et des années, je l'accompagne du cœur en le traçant sur le papier. Il y a longtemps que je ne forme aucun vœu pour moi-même, mais tous pour vous. Tant qu'on est sur terre, il est consolant de sentir qu'on n'y est pas seul, et qu'on a dans le fond du nid natal une couvée, qui pense aux absents et qui les aime.

J'ai passé mon jour de l'an non triste, mais indisposé, l'avant-veille j'avais eu trois cents personnes le soir. Samedi jusqu'à minuit, j'étais déjà souffrant, la fièvre a pris plus fort, douleurs de tête et d'estomac. J'ai été vingt-quatre heures au lit ; le jour de l'an, je suis resté seul au coin du feu, sans entendre l'armée qui marchait à pas sourds autour de moi dans Paris. Maintenant, je vais bien, je vais commencer la gelée de groseille et les échaudés, mais je suis faible, n'ayant rien mangé depuis trois jours.

Je n'ai aucune proposition de vice-présidence, et je supplie qu'on m'oublie. Si cependant (chose non probable) on me présentait, et que l'Assemblée vînt à me nommer (chose aussi peu probable) je ne refuserais pas, malgré mon désespoir. 1º Parce que cela paraîtrait un manque de patriotisme par misérable vanité; 2º Parce qu'il serait mal en soi devant Dieu de se refuser à un poste, où l'on pourrait être utile à la République. Je me dévouerais donc *sciemment*, comme on se jette à l'eau pour sauver un naufragé, et j'espère que la pureté de l'intention ferait bénir l'acte quelque pénible qu'il me fût.

Ensuite, on parle de m'appeler au ministère. J'en ai la même horreur, et cependant j'accepterai encore par le même et unique motif. Mais j'espère que cela sera ajourné, que la Chambre sera dissoute avant peu, que j'irai travailler à Saint-Point, que je rentrerai dans les rangs obscurs en France, ou ailleurs, pendant une période de temps.

Je publie le 17 *Raphaël,* la moitié des bénéfices seront à moi. J'ai presque fini le premier volume de la révolution de Février. J'ai vendu le deuxième payable dans les six mois. Les deux, s'ils vont bien, feront 80 000 francs.

La *Presse* publie ces bêtises de *Confidences*, cela a un succès unanime jusqu'ici, mais j'en suis payé. Je compte vendre un troisième volume de *Confidences*, que j'écrirai cet été, environ 50 000 francs.

Enfin, je prépare mes œuvres poétiques choisies, en quatorze volumes, par souscription, qui doivent me rendre 2 ou 300 000 francs, si le temps est seulement passable.

Mais pour tout cela, il ne faut ni ministère, ni présidence, sans quoi je suis prisonnier dans les mêmes embarras et remboursements. Priez donc Dieu qu'il me donne deux choses : point de places, et point de politique pendant six mois ; il ne me faut que six mois comme ceux-ci pour arriver à me libérer à peu près, et vous laisser après moi de quoi consoler et tempérer l'existence ici-bas.

Maintenant à la politique. Elle dort assez calme, le vote du président a tué les terroristes, socialistes, clubistes et le parti opposé prend le dessus et expulse tous les républicains. On oublie que j'ai combattu seul et vaincu cette écume de la République, et l'expulsion, la persécution, la colère, le mépris, la prison viendront peut-être bien jusqu'à moi. J'y suis prêt de cœur et d'esprit. Je saurai souffrir pour deux bonnes causes : celle de Dieu dans la République honnête, celle des honnêtes gens dans la résistance aux républicains scélérats. Je vous avertirai à temps, et surtout ne vous troublez pas, ne vous chagrinez pas alors pour moi. Dieu est Dieu. Il saura bien me faire vivre ou mourir à ma place et dans mon utilité.

Voilà bien des prévisions, des prudences, des résignations ; espérons que Dieu qui vous aime préviendra ce qu'elles auraient de trop douloureux, et soyez sûres que, libre ou prisonnier, glorieux ou avili, vivant ou mort (je ne crois pas à la mort), toutes nos pensées, tendresses, soucis sont pour vous en 1849, comme en 1869, si la Providence destine nos mains à la bénir encore sous ce chiffre-là. Adieu et prières.

LAMARTINE.

21 janvier 1849.

Je n'ai une minute ni nuit, ni jour. J'ai été malade de rhumatisme. J'ai vingt-six volumes en métier, la Chambre, le Conseil d'État, mille lettres par jour, les yeux usés, la main lasse, mais le cœur jeune, vieux, tendre, compatissant, voyant, regrettant, espérant, bénissant, invoquant comme quand j'étais Raphaël. Et cependant, je suis un oncle vieillissant, se sentant vieillir, faner, affaiblir ; vous êtes des nièces incomparables en toutes espèces de perfection physique et morale, cœurs et âmes de prédilection. Je vous ai envoyé *Raphaël*, mauvaise première édition, l'autre qui se fait est parfaite. On ne rencontre que des femmes ayant un *Raphaël* dans leur manchon ; en soixante-douze heures, trois mille exemplaires sont partis, dans huit jours, il y en aura dix mille. On s'écrit partout, universellement, que jamais la langue n'a tant brûlé, que c'est écrit avec un charbon sur la peau du cœur. Hélas ! ce n'est à mes yeux qu'un pâle souvenir éteint. Mais je l'ai dit dans la préface : ce qu'il y a de plus divin dans l'âme de l'homme n'en sort jamais ; écrire, c'est profaner.

Les *Confidences* aussi ont un succès *inouï*, de haut en bas, du prince au portier, curés, paysans, femmes, collégiens, on en vend quatre-vingt mille exemplaires par jour. On n'y suffit pas. Dis à ta maman que je vais changer l'abbé Dumont, je ne le ferai pas prêtre ; il ne sera prêtre qu'après, et par désespoir.

En même temps, je poursuis et je prépare ma grande entreprise de mes œuvres choisies par souscription, cela s'annonce bien. Le prodigieux succès d'étonnement universel de tout ce que je publie en ce moment est un gage du succès de l'entreprise. Paris et la France, dans toutes les classes, excepté le *juste milieu*, me reviennent avec passion. Je suis suivi dans la rue comme un rayon, et non comme un nomme. Je me refuse à tout, je reste dans mon isolement modeste et laborieux avec Dieu. Voilà tout, et c'est assez. Priez aussi et ne vous occupez pas du reste. Amusez-vous, lisez, aimez, excusez le temps, espérez l'avenir, étudiez-vous à être le moins malheureuses possible dans l'existence, et ne vous tourmentez jamais de moi.

LAMARTINE.

8 février 1849.

Ma chère Valentine,

Je souffre de ne pas écrire plus souvent. Mais tu vois quels jours nous venons de passer. Ce sont des jours pendant lesquels on prie pour ceux qu'on aime, et pendant lesquels on leur écrit par la petite poste du firmament. Cependant, rien n'a été sérieux ici, mais c'est pour vous, à Mâcon, que je suis consterné. Si cela devient plus agité, venez ici à Madrid, où vous serez en paix, ou allez en Bresse chez Emmanuel, où vous serez cachées. Je voudrais que vous demandassiez à M. Cerfber un rapport confidentiel de ce qui s'est passé et se passe à Mâcon. Je ne crains pas de me compromettre contre la République des clubs sanguinaires. Tu le verras par mon discours que je vous envoie dans peu de jours, je les attaquerai plus fort encore. Quant on a fait la République, il faut mourir pour l'empêcher de devenir le règne des scélérats et l'effroi des honnêtes gens. Je ne m'y épargne pas, sans que rien m'y force, excepté ma conscience devant Dieu. Je reçois force menaces, et je ne m'en inquiète pas. La vie est à Dieu, il faut savoir la lui rendre pour une bonne cause. Si ces brigands me tuent, j'en sauverai des centaines de mille ; tels sont mes sentiments bien arrêtés. Ici, je redeviens l'homme du drapeau rouge et de Février. On commence à me reconnaître pour ce que j'ai toujours été : un énergique combattant des bonnes causes ; le Paris qui m'aimait le moins revient à moi, le peuple trompé s'en éloigne un moment, mais il y reviendra. Mande-moi ce qu'on prépare pour les élections prochaines en ce qui me concerne, M. du Cayla doit le savoir. Je combattrai vigoureusement Ledru-Rollin et les clubistes du moment, qu'ils redeviennent montagnards et conventionnels. Juvigny pourrait te dire ce qui en est. Je ne leur demande pas de voix pour moi, mais je peux avoir d'ici beaucoup d'action sur les bons choix. Je prendrai des hommes sans acception de passé qui voudront adhérer consciencieusement à la *République des honnêtes gens*. Voilà mon programme. Je travaille beaucoup, un peu de *Graziella* que j'achève, un peu de *Raphaël* que je corrige, un peu d'histoire que je

continue, un peu de Chaınbre, un peu de com-
mentaire, il y a pour dix hommes. Mais au milieu
de tout cela, je n'ai qu'un point fixe : le toit noir
du grand hôtel de Mâcon, le nid de famille où sont
les oiseaux de la terre et du ciel ; que Dieu abrite
ce nid et le reste importe moins. Les élections
se feront dans quatre-vingt-dix jours, j'irai avant
deux mois, c'est un motif sacré. Je serai porté à
Paris, je crois. J'aimerais bien à ne passer nulle
part, mais je me regarderais comme coupable de ne
pas marcher au feu, quand la société est menacée.
Au reste, la menace est superficielle, ce n'est
qu'une écume sur une mer bonne au fond. Cela
ne sera pas long, ni très mauvais à passer. Les
forces sont immenses, et il y a du courage du côté
des honnêtes gens. On revient unanimement à la
République ici, comme seul moyen de se sauver
du socialisme et des terroristes ; on reconnaît que
j'ai eu raison.

Adieu, mes chers anges, on vient me déranger, je
vous envoie toutes mes bonnes pensées. Rassurez-
moi vite sur vous à Mâcon. Avez-vous été personnellement insultées à cause de mon nom? Le suis-je
moi-même? Un bulletin à fond, et espérance toujours et prières sans fin. Mme d'Esgrigny, la mère,
est morte. Je reviens de la cérémonie. Adieu,
adieu, adieu, j'écrirai bientôt.

LAMARTINE.

II

22 mars 1849.

Ma chère Valentine,

Je n'ai qu'un moment. Je suis surchargé d'affaires et brisé de forces, mais je pense sans cesse à vous. Voici un mot pour ta maman. Il faut dire à Mme Revillon (1) qu'elle continue en paix sa résidence et ses soins à Monceau, Fromentin fera le gros de l'ouvrage. J'aurai soin d'elle, je l'aime beaucoup. Je n'abandonne jamais de bons serviteurs. J'irai bientôt un moment, nous réglerons son sort s'il lui convient de rester chez moi. Il faut lui lire tout cela pour la consoler. Je regrette son mari comme un parent. Il faut dire à sa fille que je ne puis la prendre, ni son fils. J'ai besoin de cultivateurs dans cette place.

J'irai le 5 ou le 6 mars au procès de Bourges ; dans l'intervalle, je partirai en poste la nuit et j'irai à Monceau trois semaines ou un mois, et puis au mois de septembre trois mois. Voilà mes plans. Puissent-ils être ceux du bon Dieu. Vous le priez tant et tant, qu'Il vous écoute, et que tout va bien ici. La République, et la bonne, semble assurée. Paris est brillant, dînant, dansant et assez content. Dis à ton frère, sans le contraindre, qu'il a, selon

(1) La femme du régisseur de Monceau qui venait de mourir.

moi, tort de ne pas suivre une si belle carrière,
où je pouvais le pousser de temps en temps bien
loin. Plus il a le goût de dépenser, plus il verra le
bout des terres et sera malheureux de ne pas avoir
un état si honorable et si lucratif. Mais tu sais
mon système : conseiller et ne pas gêner.

Je vis fort retiré : levé à 6 heures, travaillant
jusqu'à midi, posant devant des statuaires ou des
peintres, ou marchant jusqu'à 5, retravaillant
jusqu'à 7, recevant cent lettres, voyant des
libraires et des hommes d'argent, me couchant
à 10 et priant Dieu matin et soir pour vous,
vieillissant beaucoup de visage, blanchi de soucis,
jeune d'âme et d'esprit, paysan de Milly surtout
dans mes rêves.

On dit que tu as donné une jolie fête. J'en ai
été bien aise. Je voudrais tant vous savoir amusées
et heureuses. Je pense qu'au moment des élections,
quand le mouvement tapageur des réunions et
des clubs aura l'air de commencer, vous devriez
vous en aller passer trois semaines en Bresse chez
votre frère, ou à Saint-Point, soi-disant pour soi-
gner mes plantations de vigne. Je pense qu'il y aura
beaucoup de mouvements populaires contre moi
et mon nom. Il ne faut pas que ma famille y
soit impliquée ; tout s'arrangera quinze jours après,
et vous reviendrez naturellement. Voilà mon conseil. Je vais me poser en adversaire des clubs, et

il est impossible qu'ils ne me couvrent pas d'imprécations, mais c'est mon devoir et je le ferai (confidentiel pour vous seules).

Je suis bien fâché d'avoir si peu de temps à causer avec la famille. J'espère dans quelques jours avoir plus de temps, et vous écrire à mon aise. Adieu et amitiés. Alix est-elle de retour? Mille tendresses aussi à Cécile.

LAMARTINE.

Le procès à Bourges dont il s'agit, était le jugement en haute cour de justice des hommes qui, le 15 mai 1848, avaient violé la souveraineté nationale : Blanqui, Albert, Raspail, Barbès, le général de Courtais, etc.

Appelé à témoigner, Lamartine, avec sa bienveillance, sa bonté et son indulgence, fut le meilleur des témoins à décharge, au point que quand il termina ce qui avait rapport à Blanqui, celui-ci s'inclina en signe de remerciement. Ce qui n'empêcha pas les accusés d'être à peu près tous condamnés soit à la déportation, soit à la détention. Le général de Courtais fut acquitté.

En juin, Lamartine avait été accusé d'avoir pactisé ou négocié avec les chefs de l'insurrection du 15 mai. A la tribune, réfutant cette calomnie, il déclara : Eh ! oui, j'ai conspiré avec Blanqui, j'ai conspiré avec Sobrier, j'ai conspiré avec plusieurs autres. Savez-vous comment j'ai conspiré? J'ai conspiré comme le paratonnerre conspire avec la foudre !

Chère Valentine,

Avant de partir pour Bourges, où je vais mardi pour peut-être un mois, je veux vous dire un mot d'adieu. J'ai reçu ta lettre, tu es un admirable homme d'affaires, je vais te donner une autre négociation sur une feuille séparée, tu la feras faire par ton frère. Il y faut activité et habileté, quoique ce soit très simple.

Les choses continuent à bien aller ici, et tout le monde, même les légitimistes, sent la nécessité maintenant de la République ; elle se consolidera, c'est évident.

Mon entreprise de publication par moi-même va très bien. Je reçois tous les jours régulièrement cinquante souscriptions de France, et je crois que cela s'accroîtra dans un mois. A l'étranger cela se présente bien mieux encore ; l'Amérique m'en prendra deux mille, la Russie deux mille, l'Allemagne mille. Mes bureaux sont organisés partout dans ces pays, avant six mois ils seront en pleine récolte. De plus je viens, pour payer mes frais, de faire une autre affaire de quarante mille francs, pour un article par mois dans une petite Revue pour les familles. Enfin je travaille immensément, je paie et je vis jusqu'ici. J'espère en un an avoir de quoi libérer Saint-Point, Milly et la moitié de ce qui pèse d'hypothèques sur Monceau. A vue d'œil, mon opération doit produire en deux ans environ six cent mille francs ou huit cent mille francs de bénéfice net. La Belgique renonce par sympathie à me contrefaire et me fait une déclaration d'inviolabilité et d'amour. M. Demidoff met sa maison et ses employés de Pétersbourg à mon service. La librairie américaine se charge avec enthousiasme de mes intérêts. En France, elle passe aussi de mon côté, et voit que je la sers. Les salons politiques m'ont d'abord blâmé, puis revenus de leur étonnement, ils se taisent et regardent ; on s'aperçoit qu'il n'y a pas d'humiliation à vendre ses vers plus que son vin, ou son fer, ou son coton. C'est ce qu'ont fait Voltaire et Delile à Londres, et Bernardin de Saint-Pierre en France. Critiquer un si loyal et si intellectuel commerce, c'est stupide.

Je vais travailler un mois dans un grenier à Bourges, et rapporter un volume ; cela m'ennuie bien, mais je n'ai heureusement aucun témoignage fâcheux à donner contre personne, il n'y a que l'ennui de la résidence. Si je peux m'échapper cinq jours, j'irai vous embrasser à Monceau. J'irai encore au moment des élections. J'ai reloué Madrid pour avril et l'été

Je suis malade du printemps, je bois la soupière d'oseille, j'ai la main faible et la tête cassée de la soirée très nombreuse d'hier. Je finis avant la page, je vous écrirai de Bourges. Vous pouvez m'y écrire.

A M. de Lamartine, chez M. Meurise,
conseiller à la cour royale de Bourges.

Adieu, adieu et amitié toujours plus vieille. Priez le Bon Dieu pour moi. Vous êtes ma piété incarnée dans des cœurs plus tendres et plus aimants que le mien.

LAMARTINE.

Bourges, 14 mars 1849.

Dear Valentine,

Je ne t'ai pas répondu parce que je voulais avant savoir quelque chose de mon séjour, ou de la possibilité d'aller vous embrasser toutes trois à Mâcon. Je ne sais pas encore très bien. On doit, dit-on, m'interroger demain ou après-demain. Si on m'entend dans la même journée, alors je pars le lendemain et j'arrive inopinément à Monceau (par parenthèse avertis qu'on échauffe tous les jours mon cabinet, ainsi que le petit salon d'en bas et la salle de bain, afin que je trouve ces deux pièces sèches et chaudes pour mon court séjour).

Ici, je suis enfermé dans une cellule sur un

jardin de faubourg, chez un excellent homme qui me comble d'affection et de soins ; il m'a même pourvu de deux dames de compagnie, dans le genre de la dame poète de Tournus, dont je l'aurais dispensé. L'une frappe du piano très bien, dit-on, mais je l'en dispense toujours jusqu'ici pour un prétexte ou un autre. La seconde cause bien et beaucoup, et je suis muet comme un jeune homme intimidé. Aussi je passe vingt-trois heures dans ma chambre sur vingt-quatre, et même j'y déjeune pour ne pas perdre une minute de lecture ou de griffonnage. Bourges est un peu plus vide et plus triste que Cluny d'ennuyeuse mémoire. Le procès même laisse pousser l'herbe dans les rues, je n'ai heureusement pas à le passionner, mes témoignages sont insignifiants et atténuants. J'écris tout le jour mon histoire, ou d'autres sottises pour gagner notre pain.

Tu me parles d'un banquet à Mâcon, je ne voudrais pas de bruit, et peu de monde si c'est indispensable à accepter, tu peux dire d'avance que je ne m'intéresse pas du tout à moi-même. Je ne ferai que juste ce que l'on m'imposera. Je crois ma vie politique bien avariée. Je ne crains pas de la clore. Je désire une fusion de tous les partis honnêtes contre les terroristes et les communistes dans la République. Si j'ai à parler, ce sera dans ce sens, mais j'aime mieux dîner avec vous.

Mme de Pierreclos est-elle avec vous? Ma femme veut venir ici, elle y viendra peut-être, quand je serai en route pour Monceau. Ne croisez pas vos lettres. Tout va bien à Paris, et Dieu protège la République.

LAMARTINE.

Pour la seconde fois, Valentine subissait une douloureuse épreuve. Son mariage avec le comte F. P.. était sur le point de se rompre à la veille de la cérémonie, et en effet ses fiançailles furent brisées. Sa douleur fut grande, car elle avait donné son cœur à son fiancé qui, par suite de circonstances touchant sa vie privée, n'était pas libre de l'accepter. Il est probable que de Bourges Lamartine, en allant à Mâcon, y avait fait la connaissance de M. F. P..., car il n'est question de lui que dans la lettre suivante.

Paris. 30 avril 1849.

Ma chère Valentine,

Je savais tes tristesses et je n'écrivais pas par respect pour ta douleur. Je pensais que tu avais bien assez d'autres pensées. Ta maman, à qui ma femme écrit, te dira que nous sommes en courses, mais avec bien peu d'espoir. Si ce mariage se fait ainsi, je chercherai à hypothéquer Saint-Point, et à t'aider annuellement et volontairement selon mes facultés. Je vais mettre Milly en vente ; avec cela, si on peut vendre, j'arrangerai bien des choses.

Quant à la question du cœur, que veux-tu que je te dise? Je n'y comprends rien, le jeune homme m'avait plu, mais le caractère me paraît un peu faible. Tu es allée trop vite comme avec l'autre, cela compromet ; tu vois que rien n'est sûr de ce qui n'est pas fait en ce genre. Je ne sais qu'en penser, Dieu viendra à ton aide.

Tout le monde à l'unanimité, à Mâcon et ici, est pour toi, et te plaint d'une si affreuse situation, nul autant que moi, comme tu penses, adieu et tendresses.

LAMARTINE.

Paris, 6 mai 1849.

Ma chère Valentine,

J'ai reçu ta lettre. Nos cœurs sont avec toi jour et nuit. Nous prions pour que Dieu t'éclaire et te console. Il le fera, j'en ai bonne espérance.

Je ne pense aux élections que pour avoir horreur d'être réélu. Dieu me préserve de la députation cette fois ! Je n'ai ni temps, ni force, ni crédit, ni popularité utile, ni liberté d'esprit. Que d'autres fassent ce relais à leur tour, j'ai fait le mien.

Dis à ta maman qu'elle ne fasse aucune dépense, excepté pour recouvrir la chaumière de Saint-Point. Il faut mettre l'horloge comme elle jugera le mieux. Penses-tu que ce mariage reprenne? Fais mes tendresses à tes sœurs, et écris-nous. Surtout ne ruine pas ta santé en larmes, bien plutôt ton cœur en prières. Songe que tout est passager, même le plus pur et le plus ardent amour. Il ne faut pas se fier, même au sentiment qu'on croit immortel. Mais si tu aimes, ne raisonne pas non plus contre ton amour. En tout confie-toi à Dieu, et à notre affection.

LAMARTINE.

Sans date, 1849.

Ah ! ma chère Valentine, je sors de mon lit, où je languis depuis vingt jours, et où je suis forcé de travailler au lieu de me guérir. Ton nom et ton image sont un perpétuel remords, non de paresse, mais d'impuissance et de migraine. Je veux te dire cependant en une ligne que je pense à toi, que je prie pour toi, que je souffre avec toi de ta peine, que je voudrais bien l'adoucir, que je donnerais tout au monde pour ton bonheur. Mais hélas, il me paraît bien compromis de ce côté-là. Je ne puis rien comprendre à ce que je vois. Il faut avoir un bandeau sur le cœur et sur les yeux pour ne pas sentir le prix d'un ange tel que toi. Les électeurs de Mâcon ne sont pas si incompréhensibles ; je suis guéri d'eux parfaitement.

Je m'occupe de l'Orient. Le sultan et ses ministres m'offrent un asile et une concession gratuite de terrain considérable pour cultiver, et y finir ma vie. Je ne refuse pas, mais je détourne autant que possible les vingt et une candidatures que l'on m'offre. J'ai refusé hier d'opter pour Paris, et je me suis fait ainsi éliminer du scrutin, autant à Orléans, j'espère bien ne pas passer ainsi. Pourquoi passer, pour me retirer dans deux mois peut-être? Dieu m'en préservera. Les souscriptions sont taries à 4 000, je vais les commencer en Russie, et j'ignore leur succès en Amérique. Au mois de septembre, je publie les quatre volumes commençants. Je verrai si cela produit. Le *Conseiller du peuple* a 22 000 abonnés et fait beaucoup d'argent. J'en vis au jour le jour. Voilà toutes nos nouvelles.

LAMARTINE.

1850

25 février 1850.

Carissima Valentine,

Je suis bien coupable? Non ; bien oublieux? Non ; bien paresseux? Non, mais bien malade, et bien surchargé de minutes? Oh ! oui, je n'ai pas le temps de respirer.

J'ai reparu hier inopinément à la tribune par une soudaine improvisation, qui a fait éclater les voûtes (1). Je n'y reparaîtrai que par la force, et quand il faudra, comme hier, se déshonorer ou parler. Paris a été superbe tout le jour. La République s'assoit mille fois plus qu'on ne pense. Tout va bien.

(1) A la séance de la Chambre du 23 février, M. Thiers ayant qualifié de *funestes* les journées de Février 1848, Lamartine indigné, dans une improvisation magnifique, nomma *glorieuses* ces journées, dont le lendemain marquait le second anniversaire. Les membres de la gauche crièrent par trois fois : vive la République ! Un grand nombre des députés, enthousiasmés, quittèrent leur banc et vinrent féliciter l'orateur.

L'affaire de Smyrne paraît devoir bien aller et me fournir de l'argent d'ici trois mois, suffisamment par ici et là-bas. Je fais une nouvelle affaire littéraire. Je vous écrirai si cela se conclut.

Quant au monde, je n'en vois point. Je suis ours et abandonné dans ma tanière. Cependant on viendrait vite, si je voulais. Mais je n'ai de goût que pour Cocotte, pour Fido et Émir, il n'y a pas de meilleure société après vous. Le *Conseiller* va bien comme nombre, mal comme administrateur, nul maintenant comme argent.

Adieu, voilà des hommes d'affaires. La tête me fend. Lacretelle est ici bien aimable, Alexandre aussi guéri de son amour pour un autre, Dargaud aussi, marié à Marie Stuart.

LAMARTINE.

Paris, 15 mars 1850.

J'ai été encore huit jours dans mon lit. C'est ce qui a retenu ma main, non mon cœur qui penche sans cesse vers Mâcon. Aujourd'hui j'ai un moment de mieux et je vous écris un mot. Il est un peu meilleur pour mes affaires. J'ai commencé et achevé hier une première sous-concession à Smyrne, qui me donnera 40 000, j'en attends une

autre de Belgique de 30 000, enfin je travaille ici
à trouver une troisième de 25 000 ou 40 000. Cela
ferait le nécessaire pour passer l'année et pour
aller deux mois là-bas installer l'opération con-
venablement. Les renseignements arrivent de plus
en plus beaux, bien plus encore que par Roland.
C'est décidément une fortune pour remplacer la
mienne en Europe. Je veux partir au mois de mai
et revenir au mois d'août. Le sultan m'appelle
d'abord à Constantinople, ainsi nous irons par
terre, en chemin de fer jusqu'à Vienne, quatre
jours, ensuite en bateaux à vapeur du Danube
jusqu'à la mer Noire, puis en bateaux à vapeur
sur la mer Noire, quinze ou vingt heures. En tout
douze jours de route, si on ne s'arrête pas. Mais si
nous partons ainsi, j'irai vous dire adieu avant ;
rien du reste n'est décidé avant d'avoir les cent
mille francs nécessaires. Nous serons revenus le
15 août et passerons six semaines avec vous, en
supposant que mon horrible santé me permette
encore la Chambre l'année prochaine.

Paris se calme de son effroi momentané. Je suis
bien accueilli à l'Assemblée par le centre et par la
gauche, mal par la majorité et ses journaux. Je
devais parler hier sur l'enseignement, elle m'en a
empêché. Je ne fais plus rien de littéraire, je suis
trop malade. Le *Conseiller du peuple* est tué par
ses administrateurs, et je crois à dessein. Ils ne

me donnent plus rien, et font toutes sortes de roueries à leurs abonnés, qui indignent et dégoûtent le public. Je ne ferai que deux volumes au lieu de quatre par an. Cinquante mille francs au lieu de cent mille, et encore, encore, encore...

En voilà-t-il des nouvelles? Mais ce que vous ne savez pas, c'est combien mon attachement pour vous augmente avec le nombre des années. Je ne vais en Orient que pour vous refaire une bonne situation après moi. Priez, priez, priez bien pour nous et pour vous, c'est la même chose...

Hier j'ai dîné chez Mme de Girardin avec Mme Kalergi, une beauté russe à la mode, et quelques hommes d'esprit ; cela a été amusant et spirituel jusqu'à minuit. Aujourd'hui je ne fais rien que des courses d'affaires. Les autres jours, je reste au coin du feu avec huit à dix personnes qui viennent après dîner. Voilà ma vie.

Marianne vous embrasse bien tendrement. Il faudra qu'Emmanuel parte pour Marseille avec mes caisses et mon jardinier de Monceau. Faites-moi des caisses de tous les gros livres intéressants et pas chers de Saint-Point et de Monceau, et qu'on les expédie à M. Rostand pour Smyrne, vite, et des graines de jardinage. Adieu, que Dieu vous surveille et vous rende heureuses.

LAMARTINE.

Les Lamartine ne partirent qu'au mois de juin pour l'Orient, et avant son départ Lamartine s'occupa de celui de Valentine, qui désirait aller à Livourne auprès d'Alphonsine, sa sœur de prédilection, espérant sans doute trouver un apaisement à son chagrin en voyageant. Elle voulait faire ce voyage avec Mme de Pierreclos, et fit part de son désir à son oncle, qui s'empressa d'aider à l'accomplissement des volontés de ses nièces, sans cependant témoigner beaucoup d'enthousiasme pour ce projet. L'indépendance féminine n'existait guère dans ce temps-là, peut-être trouvait-il les voyageuses encore trop jeunes pour s'en aller ainsi toutes seules en pays étranger.

Paris, 13 avril 1850.

Chère Valentine,

Ta lettre pèse sur mon cœur, et je ne puis te dire : console-toi, car Dieu seul console. Mais j'ai l'espoir qu'en effet il te consolera, car quelle âme mérite et souffre plus que ta belle âme. Je ne cesse de l'invoquer pour toi-même au milieu de ce tourbillon d'affaires, de paroles, de gloire, de honte, de popularité et d'impopularité qui m'emporte. Quant à moi, tout va assez bien pour le moment. J'espère trouver le peu d'argent nécessaire pour aller installer mon Smyrne, et à mon retour donner des sous-concessions en assez grand nombre pour me soutenir, et vous relever. Si tu as besoin de deux ou trois mille francs dans un mois pour aller faire ton voyage à Livourne, écris-moi. Je ne le trouve ni bien, ni mal, je n'ose pas avoir un avis, il y a du bon et du mauvais. Il faut suivre ton inspiration là-dessus. Quant à nous, nous ne serons pas plus de deux mois et demi dehors. J'irai à Mâcon avant et après, ainsi nous causerons. Si néanmoins tu es pressée, écris-moi et je t'enverrai l'argent plus tôt.

Toussaint Louverture a un grand succès, non comme drame, mais comme poème dramatique, et comme preuve d'un *génie* (je dis le mot sans y attacher de vérité) mais d'un génie propre à tout. Au lieu de m'abaisser — chose étrange — cela m'a doublé, même à la Chambre, et en politique. Une grande et profonde estime populaire me revient lentement, mais continûment de tous les côtés. Mes deux discours ont émerveillé, surtout le dernier, ils couvrent les murs de Paris, et le peuple ne croit déjà et n'espère qu'en moi dans le lointain. Il me sait bon gré de ne pas le flatter et me préfère hautement à ses flatteurs et à ses corrupteurs. Voilà la situation vraie dans les rues, dans l'Assemblée et au théâtre. A mon retour d'Égypte cela sera peut-être plus développé encore.

Je compte aller à Orléans dans trois semaines, puis revenir ici, puis partir pour le Danube. Le

15 août je serai de retour à Marseille ou à Paris
ou à Mâcon.

Mille tendresses à Alix dont j'ai une admirable
lettre.

LAMARTINE.

24 mai 1850.

Ma chère Valentine,

Je ne vois aucun obstacle à ton voyage ; sous
beaucoup de rapports, même, j'en suis heureux pour
toi. Quand je te sens distraite et heureuse, je suis
soulagé.

A propos, je suis furieux que tu aies fait couper
les beaux poils noirs bleus de *Saphir*. C'est déshonorer la nature ! Il fallait me consulter.

La politique me paraît plus brumeuse que mauvaise. Je parlerai cette semaine. J'ai commencé
hier (1). Je me tiens seul et inébranlable à la
République modérée et de bon ordre. Il n'y a
que cela pour le pays.

Ma santé est affreuse, aujourd'hui seulement
je mange un peu d'herbe.

Mets Saphir au pré de Saint-Point, quand tu
partiras, s'il n'est pas nécessaire à ta maman.
Adieu, tendresse à tous.

LAMARTINE.

(1) Séance du 23 mai 1850. A propos du suffrage universel.

Livourne, 22 juin 1850

Pendant que nous nous arrêtons huit heures pour prendre du charbon, je me charge de vous envoyer nos pensées et vous donner de nos nouvelles. Nos pensées sur mer comme sur terre sont toutes et toujours à vous, nos nouvelles sont aussi bonnes que possible.

Notre navigation a été belle et suffisamment douce, excepté quelques heures la nuit. Nous attendons Alphonsine et son mari à qui je remettrai ce mot. Nous serons à Malte après-demain matin lundi ; on s'y arrête douze heures, et on s'y promène. De là à Syra et à Smyrne, le premier à Constantinople. Tout fait espérer une bonne traversée, si Dieu retient les vagues dans sa main. Le navire est tout à nous, nos chambres sont des salons, cabinets de toilette, etc... Mieux qu'à Saint-Point. Tout l'équipage est à nous de cœur. En route de Lyon à Valence, de Valence à Avignon, d'Avignon à Marseille, j'ai éprouvé, au lieu de répulsion, une curiosité et un intérêt très vifs et très bienveillants. Le soir de mon embarquement à Marseille, la foule s'est rassemblée sur la Canebière, et nous avons été conduits jusqu'au canot par des milliers de visages affectueux, respectueux, dans un silence où l'on aurait entendu

une mouche et qui témoignait à la fois du regret
et un admirable instinct de la convenance.

Je me suis informé ici du lazaret. C'est, comme
je vous l'ai dit, le meilleur d'Italie, et on y a des
chambres parfaitement séparées de la foule, le
reste n'a pas le sens commun. Je persiste à vous
déconseiller une course d'aventure sur la côte
d'auberge en auberge ; pour des femmes jeunes
et seules, cela n'est pas bien. Quelques jours au
lazaret sont loin d'équivaloir à ces inconvénients.
Adieu, voici M. Pagazzi annonçant Alphonsine et
son mari, nous allons au lazaret, pour leur remettre
nos lettres directement. J'embrasse tout le monde.
Écrivez-nous chez l'ambassadeur de la République à Constantinople.

Mille et un millier de tendresses à toute la
maison.

LAMARTINE.

Adressée à Livourne où se trouvaient ses nièces.

Au lazaret de Marseille, 7 août 1850.

Chère Valentine,

Tu sais déjà que nous allions revenir, nous voilà
arrivés. Mais hélas nous avons eu un grand malheur
en route, la mort de M. de Champeaux, d'une
maladie organique au cœur et d'une fièvre inflam-

matoire prise au Pyrée ; sa maladie s'est aggravée sous l'influence de l'horrible chaleur et de l'air du choléra qui décime Malte, où nous avons été forcés de nous arrêter trois jours. Il est mort en pleine mer, le 3 août. Ma femme a été aussi vivement éprouvée par la mer en approchant de Marseille ; heureusement que la terre l'a guérie et la voilà à peu près remise. Nous sortons de quarantaine lundi. Nous restons un jour ou deux à Marseille chez l'Arabe Mévi-Dah. Nous partons pour Mende où Ligonnès nous appelle. Nous y restons cinq jours, de là à Mâcon au conseil général, puis Londres huit jours pour y chercher des capitaux. Vous savez que j'ai trouvé mes domaines asiatiques encore accrus, et mille fois plus fertiles que je ne m'y attendais, 25 ou 30 lieues de tour d'un jardin véritable de dix pieds de profondeur de sol. Cinq ou six fortunes immenses en une, si on trouve seulement les moindres capitaux à y appliquer. C'est ce qui m'a fait revenir plus vite. Je veux tout tenter pour me les procurer. Dans trois ans, ils donnent cent pour cent. Le sultan a été excellent. Il vient de m'envoyer un commissaire pour adjoindre à mes terres une chaîne de montagnes superbes, et une forêt d'oliviers ; en tout c'est une féerie.

Smyrne m'a reçu à merveille. Notre départ accompagné des autorités turques, Pachas, Nationaux, Européens, etc., ressemblait au départ d'un émir. Il ne me manque qu'un sou pour être prince. Mais je pèche par là.

Adieu, amusez-vous et revenez-nous. Embrassez-vous les unes et les autres pour moi. Mille amitiés à l'illustre consul. Millions de tendresses pour vous sur tous les rivages et sous toutes les étoiles. Je reviens blanc comme un cygne, mais si j'en ai le plumage, je n'en ai plus le chant. Alla kérim.

LAMARTINE.

15 novembre 1850.

J'ai promis de vous écrire toutes les fois que j'aurai une heure sereine. Je n'en ai encore que de ténébreuses depuis ce jour de départ, où un compte, mal établi par moi, m'a laissé une déception menaçante pour mon année. Je travaille nuit et jour pour arriver à le compenser. J'espère, sans en être sûr, y parvenir. Nous ne voyons absolument personne. Je me suis fait solitaire avant le soir. Les affaires politiques vont juste comme je vous avais dit, divinement bien. On ne veut plus entendre parler que de la République. Le Président parle comme si je dictais, l'esprit public est excellent.

J'écris *le Directoire*, trois volumes au lieu de

deux, pour compenser les trente-deux mille francs de moins de Mâcon.

Je finis *le Tailleur de pierres* dans cinq jours. Fin admirable et pitoyable commencement. J'écris, pendant décembre, *le Voyage en Orient*. Un volume.

Voilà toute ma vie, je ne dirai rien à l'Assemblée, je n'y vais même plus. Je suis entièrement de côté, et j'agis en conséquence.

Les offres de concessions m'arrivent. Je les accepterai plus tard, quand j'aurai un capital de fondation à moi.

Voilà le bulletin : malade du reste des pieds et de la tête, mais sans m'empêcher le travail.

LAMARTINE.

1851

31 janvier 1856.

Enfin j'ai une seconde, j'écris, mais je ne serai plus si longtemps sans le faire. Ce n'est certes pas faute de penser sans cesse à vous, mais comprenez ce que c'est qu'une vie pareille. Trente pages par jour, les journaux, *le Conseiller*, la Chambre, l'argent à chercher, à payer, à ajourner, les lettres, la maladie, la lassitude de tout. Oh ! ouf ! la rude vie ! la terrible pénitence de ma jeunesse. Ce soir cela va mieux. Je viens de vendre un nouveau volume 25 000 francs. J'ai l'offre de grands journaux, *le Siècle*. J'ai la transformation du *Conseiller* en journal des dimanches. J'aurai de quoi passer l'année très bien, si tout cela réussit. Le travail rend, mais la paresse rien. Mon Orient n'amène plus un amateur, on s'en occupe seulement un peu en Angleterre. Cela viendra, mais plus tard. Je ne pourrai pas y aller cette année, j'irai vous voir.

En politique je reprends immensément de crédit sur l'opinion. Je fais une manœuvre incomprise, mais très grande et très belle, qui me rattachera dans six mois tous les amis de l'ordre et presque la montagne. Je coupe et j'écrase les intrigues de Cavaignac et de ses amis, ils perdent la République. Je soutiens le Président comme pouvoir exécutif ; s'il tourne à l'empire, je lui barre le passage. On entrevoit cela, et on le pressent dans *le Conseiller* d'aujourd'hui, on en vend cent mille exemplaires de surérogation. C'est une frénésie. On ne me comprendra bien que dans quelques mois.

Je dîne aujourd'hui chez le Président. Je vis retiré, je monte à cheval deux heures par jour. Je prie Dieu, je maudis ma plume, je me couche à neuf heures, je me lève à six ou à cinq ; je voudrais du repos, je n'en ai point.

LAMARTINE.

Monceau, janvier 1851.

Dear Valentine,

Ta tante me dit de vous rappeler que c'est demain le jour des Rois, qu'elle a le président du tribunal à dîner, qu'elle voudrait t'avoir avec une ou deux représentations de la famille, si cela ne dérange personne. Autrement à lundi, je vais à Mâcon ce jour-là.

Ton oncle,

LAMARTINE.

21 février 1851.

Ma chère Valentine,

C'est moi. Je vous envoie par M. Dubois trois petits souvenirs. Une feuille pétrifiée en perles fines pour toi, un cachet pour Alix, un bracelet pour Cécile. C'est pour vous dire combien je ne cesse.de penser à vous.

Je n'ai pas une minute pour écrire. J'écris trente pages par matinée. Je suis aux galères. Mes affaires, sans aller bien, vont beaucoup mieux. Si Dieu me garde la santé, je n'aurai pas la nécessité de rien vendre de *nos délices de terres.* J'ai reloué Neuilly à moitié prix. J'ai acheté un cheval très beau et très vif. Je vis plus à l'aise.

Les choses politiques, ni bien ni mal. Je lutte seul contre la coalition gauche et droite. Haï, mais estimé, l'opinion du dehors me revient beaucoup de toutes parts. Je refuse encore le ministère. J'irai vous voir huit jours prochainement, si vous pouviez venir ensuite à Neuilly, ce serait bien doux. Je ne pense plus à Smyrne pour cette année.

Voici mille francs pour ta maman ; qu'elle prenne

ce que je lui dois, et qu'elle remette le surplus à Revillon pour choses urgentes ici ou là. Qu'elle ne s'inquiète pas des vignerons, de Bouchamont surtout, que j'ai *comblé* d'argent avant mon départ, et à qui je ne dois rien qu'en mai et septembre. Ce sont des comédies.

Mille tendresses.

LAMARTINE.

5 mars 1851.

J'ai reçu ta lettre. J'ai à peine la force d'y répondre. J'ai eu le rhumatisme classique, mais non pas intolérable, seulement j'ai toujours fièvre, médecin, ophtalmie, diète, transpiration, ennuis et chagrins par-dessus le cœur. La santé de Marianne va très mal encore, quoique j'espère sans inquiétude grave. Mais toujours de la fièvre, et de temps en temps des crises. Elle n'a rien mangé ni bu que de l'eau depuis dix-sept jours. J'ai été plusieurs jours sans pouvoir même aller de sa chambre à la mienne.

Je vous écrirai dès qu'elle sera hors de toute rechute. Quant à moi, ce n'est rien. Mes affaires souffrent aussi de ce repos forcé. Je ne puis rien faire du tout. Mais j'espère reprendre le 15 la charrue.

Nous sommes désolés du départ de Cécile,

nous la ferons revenir. Comment vont les vignes?

Marianne dort paisiblement, et je profite d'une minute pour vous dire combien, malade ou bien portant, heureux ou malheureux, je pense à vous toutes.

LAMARTINE.

9 mars 1851.

J'ai tes deux lettres pour une feuille à perles de rosée, car j'imagine que ce fut l'idée de l'artiste. Ne te tourmente pas du prix.

Je veux vous écrire tous les matins, et puis mes dix pages d'histoire me rompent le cœur et les yeux et la main, puis vient la foule, puis viennent les lettres, puis la migraine, puis la chambre, je rentre accablé et je dis : demain.

Je ne me porte pas bien mal grâce à ma vie retirée, et à mon lit dès neuf heures et demie du soir. Je ne vais guère à l'Assemblée, j'y suis si mal vu que je n'en prends que le nécessaire. Je suis retombé dans mon obscure impopularité, défendant seul contre tous la République du bon sens. C'est la seule qui puisse s'enraciner.

Ne crois pas que je trahisse *Saphir*, pour la nouvelle *Coquette*. Elle est jeune et folle comme une enfant. Je ne la monte que les jours où je me sens léger, et je veux badiner avec quatre pieds sur le sable. Je crois qu'elle sera délicieuse pour les femmes.

Je ne vais pas en Orient. Je vais y envoyer Roland. Il brûle de courir. J'y ai besoin de quelqu'un contre ce brave et absurde Fabrio, qui démolirait la tour de Babel. Roland complétera mes moutons, et rétablira l'ordre. Moi j'irai voir seulement, dès que mon troisième volume de l'*Histoire de la Restauration* sera commencé. Cela ne tardera pas, six ou sept semaines.

Merci de toutes tes lignes, et que Dieu bénisse la main, le cœur et les yeux.

LAMARTINE.

11 avril 1851.

Je suis écrasé de monde, de travail, d'écritures, d'histoire, de journal et d'affaires. Je viens de plus de prendre *le Pays*, qui a 18 000 abonnés. Je ne suis pas forcé d'y rien écrire. On me donne un traitement de 50 000 francs, seulement pour diriger et inspirer, mais en trois jours j'ai néanmoins déjà écrit deux articles. J'ai pris avec moi M. de La Guéronnière et huit autres. Je fais une campagne désespérée pour la République modérée contre les démences des royalistes et des socialistes. La cause est belle, le péril certain, la récompense là-haut. Mon cabinet ne désemplit pas.

Outre cela, il faut faire chaque matin mon histoire. Cela ne m'empêche en rien d'aller vous voir
quinze jours bientôt.

Je crée une petite société de Smyrne, qui me
donnera un petit capital de 80 000 francs, si je
réussis. Roland est à la tête. Les actions sont de
200 francs seulement. Adieu et écris-nous.

LAMARTINE.

1er mai 1851.

C'est moi, je suis toujours très malade, ma
femme va beaucoup mieux... Nous espérons pouvoir aller au bois de Boulogne nous établir dans
six jours ; au mois de juin vous voir par chemin
de fer à Monceau. Toutes nos pensées sont avec
vous, écrivez-nous souvent.

Rien de mal, rien de bien ici. Mon journal réussit, mais comme il faut déplacer 15 000 abonnés
napoléoniens et les remplacer par 25 000 républicains honnêtes, c'est un travail de Pénélope. Je
n'ai encore signé nul engagement. Je ne sais si
cela ira bien ou mal. Seulement on admire et on
aime beaucoup mes articles.

Je ne vois personne. Je n'ai pas mis les pieds
à la Chambre depuis deux mois. Je suis pestiféré
et cependant aimé. Mais je vis exilé du monde,

retiré en Dieu. Adieu, adieu, adieu, à revoir. Je vous embrasse bien tendrement d'esprit et de cœur, non de visage, je suis trop maigre, trop pâle et trop laid.

LAMARTINE.

Madrid, 5 juillet 1851.

Je ne vous ai pas écrit parce que je vous savais au fond de la Bresse. A présent je vous crois à Collonges et mon cœur vous y rejoint.

Voici les nouvelles : je vis seul dans mon bois. Je vais à Paris à midi, j'en reviens à trois heures, je monte à cheval, quand je ne suis pas trop souffrant mais c'est rare, à neuf heures je suis couché. Je travaille comme un nègre blanc depuis six heures jusqu'à midi. J'ai bientôt quatre volumes de mon histoire, qui en aura huit. Je négocie une seconde histoire pour 1852 ; avec cela et *le Pays*, et *le Conseiller*, que je reprendrai *seul* en janvier, nous ne périrons pas du tout. *Le Pays* va passablement bien, mais il est entravé par ses administrateurs stupides qui le déchirent tous les matins, pendant que je le construis tous les jours. Je voudrais que d'autres l'achetassent, et alors il ferait une belle spéculation. Rien d'Orient.

LAMARTINE

D'après une photographie inédite.

VALENTINE DE CESSIAT

D'après une miniature de 1861.

L'opinion est assez favorable pour moi, mais sans chaleur. Justice seulement.

Adieu, on vient m'interrompre. Je vous écrirai avant peu de jours. Mille amitiés.

LAMARTINE.

Paris, 25 juillet 1851 (publiée par Mme Ollivier).

Je vous ai bien suivi des yeux dans les prés, dans les bois, dans les beaux vallons de la Bresse, Oui, si vous voulez m'y mener, j'irai faire une visite à Emmanuel au mois d'août. Maintenant je vous vois avec Ischia et Fido dessiner vos ombres dans la longue avenue de Monceau. Bientôt vous verrez des ombres pâles et longues et maigres venir au-devant de vous à demi ensevelies dans la maladie et dans la tristesse, mais cachant sous leur linceul des cœurs qui ne sont ni jeunes, ni vieux, éternels.

Voici les nouvelles. On croit que l'Assemblée prendra son congé de deux mois bientôt. J'en prendrai un de plus. Rien ne me fera partir avant le 15 novembre pour revenir à Paris. Les choses politiques ne vont ni mal ni bien, plutôt bien pour la République. *Le Pays* y fait un puissant secours, on ne lit que lui dans les rues de Paris. Nous recevons deux cents abonnements tous les jours.

Mais il est dans des mains qui ne s'ouvrent pas pour moi, car il me ruine, en m'empêchant de travailler et en ne me donnant que peu de chose, pendant que je fais sa fortune. Je suis horriblement mécontent, la vie me serait odieuse, si vous n'y étiez pas. Nous ne voyons presque personne. Je ne parle pas à la Chambre. Je me racquoquille tout à fait. La vie ne vaut pas qu'on s'y mêle.

Je souffre physiquement un martyre d'estomac continu. Que j'aurais besoin de l'air de Monceau ! Le travail acharné et sans un jour de répit va me retenir jusqu'au 20 août. Après cela à vous, vous serez mes copistes, car il faudra travailler comme ici.

Adieu, mes chers anges terrestres, plaignez, aimez, priez.

LAMARTINE.

P.-S. — Je reviens de Paris et je vous donne une bonne nouvelle toute chaude. Les deux premiers volumes de l'*Histoire de la Restauration* ont paru il y a quelques heures. Huit ou dix journaux sont remplis des longs fragments. Le succès est immense, *inespéré, universel, dépasse* les Girondins.

Cela assure pour l'année prochaine un nouveau traité de 200 000 francs pour *la Constituante*. J'ai rapporté ma lettre pour vous donner cet heureux avis. Vous pouvez me croire, l'effet dépasse *les Girondins*.

Cependant ces deux volumes sont de beaucoup les plus faibles et les plus communs. Mais j'ai le vent, à ce qu'il paraît.

Je n'ai vu et lu que des étonnements et des enthousiasmes. Le succès est fait. Remerciez Dieu.

16 mars 1852.

Hélas ! je n'ai pas écrit parce que maladif, triste, découragé. Aujourd'hui tout va mieux.

Rhumatisme léger, migraine et fièvre. Votre tante malade aussi sans fin. Le public froid ou ingrat ou absent, voilà le bulletin.

Je vous ai envoyé mon article sur M. Marrast (1). Cela fait fureur pour moi. La popularité est profonde, vive et attendrie dans toutes les classes. Avant-hier, en rentrant de l'enterrement, j'ai été reconnu dans les quartiers de Montmartre, et j'ai fait émeute nombreuse à mon grand regret. Mais c'était émeute de cœur et de larmes : femmes, enfants, peuple et bourgeois descendaient des maisons pour se ranger et me saluer en silence avec un murmure d'enthousiasme tendre et contenu ; heureusement j'ai pu me jeter dans un fiacre et

(1) Armand Marrast, ancien rédacteur en chef du *National*, ancien président de l'Assemblée constituante.

partir au galop ; à ce moment on n'a plus pu se contenir, et mille cris de : vive Lamartine ! vive le sauveur de Paris ! ont fait explosion. C'était plus chaud et attendri qu'en 1848. On a dit que l'âme de Paris s'était retrouvée à l'aspect de Lamartine.

La famille et la mère de Marrast viennent de m'écrire une bénédiction magnifique et pieuse.

Je finis mes *Vies* pour un an, et puis je me remets à *la Restauration.* Je n'ai pas une heure à respirer.

Mille tendresses à tous.

LAMARTINE.

1852

Oh! quelle lettre! quel cœur! quelle âme! quelle nièce! quelle fille! quel ange. Non, ne crains pas que la tendresse et la bonté ennuyent. Hélas! il n'y a que ces gouttes du ciel ici-bas pour adoucir tant de vases amers. Que ta naissance soit bénie, et que ta vie si dure soit compensée et récompensée ici et là-haut. Mais soigne-la bien pour ceux qui en vivent. Ta vieillesse n'inquiète pas, mais la mienne marche à grands pas vers la décadence physique et la mort. Il faut prier Dieu pour qu'il me fasse vivre assez seulement pour te voir heureuse, si le mot est de la langue humaine, mais il n'en est pas. Les mots résignation et espérance en haut en sont seuls.

Mon oraison funèbre du Gouvernement provisoire a ici le succès de Mâcon. La voix a réveillé l'écho. Mais je ne veux plus parler, il faut laisser réfléchir. Tout va assez bien. (Question) : Serais-tu bien désolée que je vendisse Monceau, ou préfères-tu que je vende Milly? Réponse après réflexion. J'ai peur d'être forcé à l'un ou à l'autre.

Le journal va mieux, mais sans élan encore depuis quatre jours, environ cinq cents par jour, mais les annonces et remboursements déciment tout cela à mesure. Cependant comme l'eau coule toujours, toujours, c'est évidemment une bonne entreprise. A la fin de l'année cela donnera tout à coup cent ou deux cent cinquante mille francs en trois mois au renouvellement.

Adieu, mes chers anges terrestres, je ne crois pas les anges célestes égaux à vous.

LAMARTINE.

P.-S. — Je partirai pour Monceau aussitôt après le numéro du 15 avril. L'Orient cette année est douteux.

Jour de Pâques 1852.

Le jour de l'An et le jour de Pâques je suspends le travail et j'écris à mes affections les plus chères. Il faut bien commencer l'année, surtout l'année où l'on prie. Qu'avons-nous de plus sûr que la prière? J'écris sans avoir rien à dire, si ce n'est que j'ai prié pour vous, comme pour moi, je le sens. Que le Dieu que l'on invoque aujourd'hui dans tant de langues veille sur vous plus que sur moi.

Je suis, du reste, fort triste en ce qui me concerne. Mon affaire ne veut se décider ni à vivre, ni à mourir. Elle me tient dans une anxiété qui me fait un mal affreux aux nerfs. Je regrette de l'avoir entreprise, et cependant elle paraît avoir une vie dure et de l'avenir.

Voici un mot pour ce pauvre Mézod. On a le cœur sensible, quand on est soi-même abandonné de Dieu et des hommes.

LAMARTINE.

18 mai 1852.

Votre tante vient de partir pour Londres avec M. de Chamborand. Elle y sera huit jours. C'est pour donner des renseignements à une compagnie anglaise, qui veut se former pour Smyrne. Je n'en attends pas grand'chose, avant que la prolongation de vingt ans de jouissance ait été signée par le sultan. Pour cela il faudra que j'aille là-bas six semaines vers la fin d'août. Ce voyage sera bon pour couper la fièvre de votre tante qui est toujours bien souffrante. Je n'ai encore rien terminé de mes contrats pour l'*Histoire de l'Assemblée constituante*. Les paroles sont données, rien n'est signé. Cela ne se décide que mercredi.

Adieu, tendresses à tous. Allez donc à la campagne. Il n'y a d'air et de bien-être que là pour vos santés.

Je ne pense pas vendre Monceau cette année. Peut-être n'aurai-je pas besoin de vendre du tout. Cela dépendra de novembre, décembre et janvier, et du contrat que je vais signer ou non.

Mille tendresses les plus paternelles et les plus constantes à tous, et à toutes.

LAMARTINE.

19 mai 1852.

Voici le bulletin du jour. L'affaire de 80 000 francs en deux ans est finie. Je reçois ce soir les premiers 30 000 francs.

L'affaire de Londres pour Smyrne paraît aussi marcher. Cependant j'en doute encore, tant que je n'aurai pas été à Constantinople faire signer la prolongation de vingt ans de jouissance, alors bien ou mal elle se fera certainement.

J'ignore les conditions qu'on me fait à Londres, je les saurai demain ou cette semaine. C'est là qu'est le salut pour vous et pour moi, mais je crains qu'il faille l'attendre encore un an.

Le Civilisateur ne va plus depuis l'été commencé. Les abonnements sont rares comme la pluie. Cependant rien n'est changé dans mes espérances fondées, ce sera une propriété longue et régulière de 50 ou 60 000 francs par an.

Nous partirons, je crois, vers le 26, si Dieu y consent. Nous en sommes impatients. J'attends ma femme dans six ou huit jours. Le voyage ne lui a pas fait de mal. Je ne fais pas faire mon buste, je le laisse faire par politesse. Mais il est — entre nous — comme s'il n'était pas.

On m'interrompt, mais on n'interrompt pas mon cœur.

Mercredi, 2 juin 1852.

Votre tante est arrivée. Elle est prise aujourd'hui d'un violent mal de dents. Nous ne pourrons pas partir samedi comme nous l'espérions. Peut-être lundi ou mardi.

L'affaire d'Orient à Londres marche, mais sans beaucoup de chances de succès final. Les commissaires partent la semaine prochaine, pour aller visiter et apprécier les terres. J'envoie M. Roland, qui les accompagnera et qui va ensuite à Constantinople en mon nom pour tâcher de faire signer la prolongation de jouissance de vingt ans promise, et non encore accomplie.

Nous allons auprès de vous à Saint-Point tout l'été, Mme de Coppens vient aussi. *Le Civilisateur* va mal, depuis un mois très mal, il se relève de lui-même un peu depuis huit jours. Il végétera tout l'été, et entre octobre et février il donnera à peu près 80 ou 100 000 francs au renouvellement. Tout est mort ici comme affaires, et si je n'avais pas signé et reçu en parties, il y a trois semaines, je ne trouverais pas aujourd'hui *mille écus* de travail en aucun genre. J'ai été heureux dans le choix du moment. On a peur maintenant de tout sans raison. Pauvre imagination et pauvre courage que celui de ce pays de trembleurs. Il n'y au fond aucun danger, ni de guerre dehors, ni de révolution dedans d'ici à plusieurs années.

Mille tendresses bien tendres à toute la chère maison. Je suis bien impatient de voir les Ligonnès et leur charmante tribu.

LAMARTINE.

10 juin 1852.

Chère Valentine.

Voici les nouvelles d'aujourd'hui. Ta tante va mieux et sera debout dans peu de jours. Dès qu'elle sera en convalescence solide, je partirai pour aller à Monceau. J'ai des affaires qui m'y appellent, et des travaux dont les éléments ne sont plus ici, je perds mon temps depuis quinze jours et un volume qu'il faut que je fasse.

Je pense partir samedi ou lundi. Je t'ai acheté une petite chienne charmante comme celle que tu as pleurée. Je cherche un cheval à envoyer aussi pour mes six mois de campagne, pendant lesquels je ne pourrais m'en passer, sans tomber malade. Mais c'est un cheval de cent écus. Les marchands de chevaux de Paris me donneraient à crédit toutes leurs écuries. Je suis attendri de leur attachement pour moi.

Les Ligonnès courent la ville et dînent chez nous. Je vais tâcher de les mener à l'Opéra.

Rien de nouveau en politique. Mes affaires d'argent se sont remontées encore un peu hier par de nouveaux travaux. J'ai tout ce qui sera nécessaire. Une autre affaire se présente aussi pour Smyrne, indépendante de celle pour laquelle j'envoie M. Roland. Cela finira l'année prochaine par quelque chose.

LAMARTINE.

16 juin 1852.

Lundi au plus tard, je pense, nous partirons. Il me semble que je pars pour le paradis. Il y a quinze jours que je ne travaille plus faute de livres qui sont à Monceau. Je vais beaucoup et vite travailler là-bas. Les Ligonnès sont encore ici pour huit jours, puis à Mâcon pour bien peu, ce qui m'afflige, car ils sont si bons et si tendres aussi. Je pense que nous nous retirerons tous à Saint-Point quatre mois dans les deux maisons, jardin, château. Je n'ai plus de bonheur qu'où vous êtes.

Vous ne me reconnaîtrez plus, tant je suis vieilli et défiguré. Je ne me reconnais plus moi-même. Mais je me reconnais dans mon cœur pour vous, et dans le vôtre pour moi.

LAMARTINE

18 juin 1852.

Il paraît que ces industriels anglais et français de l'affaire de Smyrne sont des industriels très suspects en effet. Ils m'ont lancé dans des frais et des avances qu'ils devaient payer, et je n'en entends plus parler. Le voyage de Roland sera donc inutile et coûteux, de plus l'état des affaires commerciales et l'impôt sur la librairie, dont on est menacé, viennent d'arrêter tout d'un coup et complètement tous les abonnements du *Civilisateur*. Je ne fais plus rien. Je vais peut-être remettre cette entreprise commencée et médiocre à d'autres, ou du moins je vais ébaucher une *amodiation* de mon journal, si j'en trouve encore ce qu'on m'offrait il y a six semaines.

Marianne va mieux, assez bien pour partir. Moi j'ai été un peu courbaturé trois jours. Nous partons décidément lundi matin, nous comptons donc être mardi vers une ou deux heures à votre porte. Nous emmenons notre grande calèche, elle portera les trois chiens. Un cheval que j'ai acheté pour cette saison sera mené par Gilbert. Marguerite et le petit bout d'homme qui soigne mon cheval partiront après nous pour arriver en même temps. Qu'on aère, qu'on chauffe bien le petit salon d'en bas, la salle de bain, etc.

LAMARTINE.

1853

5 janvier 1853.

Dear, dear, V.

C'est aujourd'hui mercredi, jour de courrier, tu vois que je m'en souviens. Je n'ai qu'une seconde, pas une minute.

Rien de nouveau que le labeur surhumain. Le journal va faiblement pour l'époque ; plus que cent par jour, c'est menaçant ; il devrait y en avoir cinq cents. Le public est dur, malgré un intérêt unanime et croissant pour moi. Mais si cela va ainsi trois mois, nous ne périrons pas encore cette année. La *Restauration* fait fureur partout.

Aucune possibilité — des Médicis — ou d'un autre grand ouvrage *secourable*. On parle de substituer le Crédit foncier à mes créanciers. Il y aurait pour unique avantage que je ne payerais d'intérêts que ce que je paye, et qu'en quarante-cinq ans tout se trouverai payé. Vous auriez ainsi nos biens lourds, mais enfin vous

les auriez. J'y pense, j'appelle par cette lettre
M. Grasset.

Adieu, à dimanche, et heureuse année à toute la
maison.

Ta tante va misérablement, et moi bien plus
mal, mais toi, soigne-toi, survis-nous sinon heureuse, du moins paisible.

1er février 1853.

Je profite, chère Valentine d'une minute où je
suis levé pour te rassurer sur ma maladie. Ce n'est
rien.

Le *Civil* ne fait à peu près rien, je n'entends plus parler des — Médicis, — toutes les
affaires à Paris sont perdues pour tout le monde.
Cet incroyable peuple est un peuple de mécon-
tents et de trembleurs sous tous les régimes et
tous les gouvernements. On n'a pas l'idée de
Paris !

Ta tante va à merveille pour son état ; elle est
beaucoup mieux que l'année dernière. Elle est
admirable de patience, bonté, fermeté, dans nos
tourments qu'elle pourrait me reprocher. Elle est
bien supérieure à moi.

Adieu, je vais me recoucher. Ton père.

LAMARTINE.

Dimanche, 7 février 1853.

Je me hâte de t'écrire que mes affaires paraissent prêtes à s'arranger de manière à me faire 180 000 francs de rente par le travail pendant trois ans. Puis d'autres affaires qui mûrissent dans le même sens pour me libérer un peu. Je signe mardi si je suis debout. Mais j'ai repris cette nuit une douleur vive à l'épaule et au cou, qui me fait craindre un accès de rhumatisme. Ces pensées me soulagent un peu, tout se relèvera. Dis cela à la maison. Je prie Dieu pour vous, comme vous pour moi.

LAMARTINE.

18 mars 1853.

Ma chère Valentine,

C'est mon premier mot pour te dire que je vais mieux, et que je pense à vous nuit et jour. J'espère être sur pieds avant quinze jours.

J'ai eu avec le rhumatisme une longue et forte fièvre bilieuse. J'ai une multitude de bonnes espérances sur beaucoup d'affaires, mais rien encore de certain. Cependant cela s'éclaire à l'horizon. Dans peu de jours je trouverai 2 000 à distribuer dans la maison.

Adieu, mille tendresses à toi et à tous. Tu vois que je ne puis encore écrire sans lassitude. Prie Dieu pour moi.

Jeudi, 7 avril 1853.

Les nouvelles d'aujourd'hui sont : le mariage de Coppens hier, un dîner de noce chez nous aujourd'hui. Le mariage est bon, la mariée bonne.

Les actions de ma société se prennent lentement et mal, mais cependant il y en a cent et quelques de promises ou 230 000 francs déjà, mais cela tiendra-t-il jusqu'au bout? La société est faite et signée ; j'y mets une énergique activité. Hier un petit mot dans *le Civilisateur* a amené 8 500 francs dans la journée.

Nous ne déménageons que le 22 ou le 25 du mois. Je finis d'ici là un volume. J'ai pris pour secrétaire et gérant tout à la fois, un jeune homme de mérite nommé Dumesnil, mais il ne faut pas dire à Mâcon qui est son beau-père (M. Michelet). Il est excellent, dit-on.

Adieu, adieu, adieu, voilà qu'on m'interrompt, mais on n'interrompt pas ma pensée. J'écrirai avant trois jours.

8 avril 1853.

Tout va à merveille, je touche en huit jours les 3 000 francs d'actions promises, et le reste viendra.

Je ne puis pas vendre Monceau, je le garderai donc vraisemblablement, et la Banque admirablement disposée se chargera de payer mon million, sans vendre.

Adieu, ce n'est qu'un mot, mais prie Dieu.

14 avril 1853.

Je me porte mieux, sans être brillant. Je n'ai que le temps de te le dire. Voici un ordre pour un chien à envoyer très vite à Monceau, et à surveiller le départ. L'affaire de la société va bien, mais lentement. Adieu, à revoir. Nous déménageons lundi.

Lettre publiée en partie par Mme Ollivier.

Samedi, 23 avril 1853.

Quelle lettre écrite du haut du ciel, et tombée en terre par mégarde pour montrer ce que serait le cœur des hommes, s'il était comme le tien inspiré par Dieu.

Je ne veux pas que tu vendes pour moi ton pré, ta vigne, ton figuier ; tu n'en as pas de trop, hélas, et c'est bien ce qui me trouble, si je mourais dans de mauvaises affaires. Garde cette chaumière et ce petit champ, qui sait s'il ne donnera pas un jour son épi et son eau à ceux que tu aimes. Je n'ai pas besoin d'abord, je crois même que l'année me permettra de rembourser au moins 300 000 ou 500 000 francs de dettes.

J'ai senti l'effet de tes prières dans mes affaires ces derniers jours. La société s'élève lentement, isolément, mais assez constamment ; on peut compter déjà sur 300 000 francs assez solides. Tout est constitué et régularisé légalement, mais ne compte que par unités amies ; ni un légitimiste sauvé, ni un républicain servi n'ont pris une obole.

Le logement nouveau, 47, est intenable par le bruit, il faut me sauver vite, ou perdre la tête, le travail et la vue. J'espère hier en avoir rencontré un autre meilleur, silencieux, central pour nous, et *le Civilisateur* et la société tout à la fois. C'est sur le boulevard de la Madeleine, charmant, et confortable et économique, seulement c'est un second étage, mais pas haut. Tu le verras, j'espère, car si je peux l'avoir, je le garderai longtemps.

Adieu.

LAMARTINE.

Ce ne fut pas boulevard de la Madeleine que s'installèrent les Lamartine, mais 31, rue de la Ville-l'Évêque, dans une maison qui n'existe plus. Lamartine y résida jusqu'en 1867. Mme de Lamartine y mourut en 1863.

27 avril 1853.

Nous sommes non installés, mais campés d'hier au soir. C'est un trésor caché, découvert par ta tante au moment où nous désespérions, n° 31, rue de la Ville-l'Évêque, assez près de la Madeleine et des boulevards et des Champs-Élysées. Une chaumière d'Angleterre au milieu de vastes jardins réunis, dont un joli petit est à nous. Pas l'ombre de bruit, excepté la voix des merles. Toute la maison à nous seuls ; un rez-de-chaussée charmant en salons, boudoirs, salle à manger ; bain, cuisine, etc., au premier où nos fenêtres ouvrent sur des terrasses et sur des jardins, arbres, fleurs, silence, etc. Un second presque pareil pour vous au besoin ; écurie, remise, etc., mais surtout quoique au cœur de Paris, à cent lieues de Paris, Saint-Point n'est pas si solitude. Voilà.

Quant au *Civilisateur*, il a été jusqu'à 300 francs par jour jusqu'ici, le voilà qui baisse pour tout l'été.

Les actions avancent et reculent. Elles sont en

apparence à 400 000 francs déjà ; mais en réalité vraie à 300 000. J'ai encore vingt jours pour monter à 400 000 réels, puis j'attendrai novembre.

Je me prépare à partir dès que cela sera à 400 000 bien effectifs. Avec cette base et quelques ventes, nous ne périrons pas, mais que de mal !

Samedi, 29 avril 1853.

Ce n'est qu'un mot, et ce sont des choses et non des amitiés, mais des amitiés toujours sous toutes choses.

Mes quatre chevaux sont partis cette nuit. Le tien est un chef-d'œuvre de beauté, malheureusement il est malade pour la route. Le petit poney sera un cas autre pour toi ; tu auras de plus Lubin et Saphir, ainsi cela suffira. Dis à Jean de rester à Monceau et de chauffer les salons et chambres à partir de jeudi 4. J'espère que ce jour-là ou le 6 nous pourrons partir, cependant il serait possible que l'Académie me retînt jusqu'au 12.

On dit le choléra ici.

Alix part demain. Je la vois peu ; sa maison est celle de M. de Girardin avec une compagnie pour femme amusante, mais peu sérieuse. Je n'ai pas voulu y mettre les pieds depuis, pour ne pas encourager cette société par mon concours. Ceci entre nous.

Mon livre ne va pas du tout. Six mille exemplaires sont néanmoins sortis en quinze jours, mais d'eux-mêmes.

Confidentiellement, dis-moi ce que tu préfères quant à la maison de Mâcon. Je ne m'intéresse qu'à une seule chose après Marianne, te laisser quelques années d'aisance et de repos sur ce morceau de boue qui porte des anges exilés.

Tu me demandes comment est ma maisonnette : délicieuse, silence, jardin, verdure, oiseaux chantants, soleil, campagne absolue dans Paris, où l'on peut vivre un mois sans se douter qu'il y a un gouffre à côté.

29 décembre 1853 (publiée par Mme Émile Ollivier).

Nous sommes arrivés heureusement, ma chère Valentine, ta tante est mieux, moi pas mal. J'ai entrevu hier au soir les hommes du *Civilisateur*. Il paraît que je vais très bien quant aux réabonnements en masse ; en ce qui touche les abonnés nouveaux, je ne puis rien savoir encore, mais il paraît que cela va assez mal.

Je n'ai vu personne encore, je me lève, mais j'ai de magnifiques lettres sur ma table relatives à la *Restauration* qu'on élève aux nues, et à des retours d'affection et d'estime civique.

Je t'écris parce que c'est mercredi 2, parce que

cette lettre t'arrivera la veille de l'année qui commence ; il faut que le meilleur ami ait la pre-mière heure des années, il faut qu'il ait l'éter-nité, or tu sais que je suis le meilleur ami, pour-quoi pas père, puisque je le suis de cœur. Mais, hélas ! je ne puis rien pour ton bonheur auquel je pense sans cesse. Je ne pourrai te rendre heureuse qu'après ma mort, et alors tu me regretteras trop pour être complètement heureuse ; mais Dieu est là-haut, qui a une Providence double pour les âmes belles, tendres et pures comme la tienne.

Je t'embrasse comme un enfant consolateur.

LAMARTINE.

31 décembre 1853.

Ma chère Valentine,

Bonjour, bon an, longs jours et heureuse année à toute la famille. Tu recevras ce matin une petite boîte qui est mon présent de bonne année à toute la maison :

1º Une bague pour ta maman ;

2º Une pour Alix ;

3º Une pour toi ;

4º Une pour Cécile ;

5º Une pour Léontine.

Je te prie de les distribuer avec mes tendresses à toutes.

Nous allons bien, les affaires aussi, si rien ne vient troubler cette marche ascendante mon million, déjà fait à moitié, sera parfait dans un an. Aussi finissons-nous l'année en remerciant Dieu et en lui en demandant une semblable.

LAMARTINE.

1854

Ta lettre, ma chère, chère Valentine, n'est pas d'une nièce, mais d'un ange incréé ou créé pour consoler l'âme d'un malheureux dans laquelle tu verses depuis dix-huit ans, goutte à goutte, les eaux du ciel, la prière, l'espérance, le désir de la félicité éternelle, et aussi le peu qu'il faut de cette félicité pour faire achever la triste route de la terre, dont le but se rapproche tant de moi. J'ai eu des larmes, moi qui n'en ai jamais, en la lisant, mais ces larmes n'étaient pas sur moi, elles étaient sur toi ! Dieu qu'à tout prix je voudrais te voir heureuse. Hélas, et moi ton oncle, ton père, ton ami, je ne puis rien que prier et prier encore ; Dieu doit être assourdi de ton nom.

Tu me demandes un récit de mes journées, voici :

Je me réveille à 5 heures, j'allume ma lampe, je prie Dieu, et je pense à toi. Je travaille comme un galérien de plume. Je descends déjeuner, je remonte, je prends un livre pour me reposer la tête, et je pense à toi. Je reçois un ou deux ennuyeux, je m'habille, je sors avec mes chiens, je vais au jardin avec eux, je regarde les fenêtres de la chambre qu'on te prépare, et je pense à toi. Je rentre à la nuit fatigué dans la chambre haute, j'allume mes flambeaux, je prends un livre, je regarde le feu et je pense à toi. Je me couche, je lis une heure, je m'endors et je rêve de toi ; je me réveille, et si je me rendors, j'y rêve. Il n'y eut jamais dans mon vieux cœur une pensée si pétrifiée et si incorporée, et cependant si vivante ; ton pauvre cœur bat dans le mien, que je voudrais donc qu'il battît dans le cœur d'un autre qui en sentirait le prix, et qui te donnerait en bonheur ce que je ne puis donner qu'en vœux. Voilà ma vie puisque tu veux la savoir. Pourquoi es-tu triste? Cette maladie et cette tristesse me tuent. Quand je pense que je resterai sur cette froide et sale boue de la terre, et que tu n'y serais plus, la terre tourne et s'anéantit pour moi ; quelle calamité d'avoir mis toutes ses affections dans un seul être après soi. Mais quelle consolation cependant quand ce seul être est toi, une enfant plus chère que si la nature nous l'avait donnée. Ta tante partage plus qu'elle ne le dit ces sentiments. Après elle et toi, je n'ai que des bienveillances, mais des sentiments d'ici-bas, non. Je continue à cause de toi de faire assez bien mes affaires. Si cela continue ainsi, dans deux ans je serai libéré, et au moins je me dirai : après moi *elles* seront heureuses, elles feront le bien que je n'ai pas fait, elles feront répandre des larmes de reconnaissance sur ma pierre. Je n'ai plus que cette pensée et cette occupation ; que Dieu me seconde ! La vieillesse réelle et stérile est venue, je ne puis rien d'autre pour la consolation de ceux que j'aime que de leur envoyer de la terre un souvenir du ciel, mes espérances dans l'éternité. Le temps n'est plus.

Je ne suis de santé ni bien, ni mal, mais soigne-toi pour vivre après nous. Adieu, prières et bénédictions.

Samedi, 18 janvier 1854.

Je te supplie de ne pas t'attrister trop comme ta dernière lettre l'indique. Il y a une Providence pour tout le monde, il y en a deux pour toi. Je sais bien que tu es privée de beaucoup de ce qu'on appelle « bonheur », mais je crois que tu en recevras la compensation en amitiés, en bontés, en affections longues, solides, durables, tardives, mais inaltérables que te réservent sans doute le milieu et la fin d'une belle vie. Tu es née religieuse et croyante, tu consacreras tes jours à prier pour ceux qui souffrent et à répandre ton âme ineffable en bienfaits au lieu de bonheur. Mais tu verras plus tard que c'est là le vrai bonheur, les autres ne vont pas là-haut et ne durent pas toujours.

Adieu, prions ensemble pour que Dieu, cette année et les autres, soit de plus en plus avec toi.

Rien ici que de triste et de sombre, on est épouvanté, on se trouble.

LAMARTINE.

Paris, 29 janvier 1854.

Ma chère Valentine,

Ce n'est ni à la nièce, ni à l'amie dévouée que j'écris aujourd'hui, c'est à mon intendant des finances.

Voici 3 000. Tu feras dire immédiatement à M. Robert de passer chez vous, et tu lui remettras 2 600 sur son reçu.

Il en restera 400 que tu garderas pour toi, cela t'aidera pour ton voyage au mois de mars. Je t'en enverrai mille autre ces jours-ci, dès que je les aurai. Je commence mon volume populaire des *Lectures en famille.* C'est un écrit de larmes de 750 pages. Je ne doute pas que cela n'ait dans un an et pendant dix ans un prodigieux succès de vente par toute l'Europe, mais cette année ce sera comme *le Civilisateur,* tout dépenses, annonces, papier, imprimerie, etc., et 100 000 francs pour en récolter 300 000 en cinq ans.

Paris est asphyxié d'affaires par la panique de guerre, ce ne sera pas grand'chose, je crois, au fond. Je te dis cela pour votre gouverne ; si c'est la paix, c'est une reprise des affaires prompte et belle, si c'est la guerre, elle sera triomphale et courte ; ainsi pas trop de soucis.

Adieu, adieu, adieu à toi et à tous. Je me repose ces quinze jours après avoir écrit un volume de 400 pages en dix-neuf jours, *les Derniers des Constituants*. Je vais ensuite, avant le 1er avril, faire le premier de l'*Histoire de la Turquie*, puis deux autres dans l'année. Mon travail dans quinze jours sera donc diminué de moitié, dans dix-huit mois diminué des trois quarts. Deux volumes par an, ce sera du badinage. Priez bien le Bon Dieu pour moi.

J'ai depuis huit jours bien mal au foie. Je prends des bains ; je lis des bêtises, mais je pense à vous et à Monceau.

LAMARTINE.

8 mars 1854.

Ta tante est encore dans son lit, mais cette fois la crise n'est heureusement rien de grave, la mienne est plus sérieuse, j'ai la fièvre plusieurs heures par jour et un mal au foie obstiné et cruel. Mais que cela ne vous empêche pas de venir, au contraire ; si je devais être malade ou mourir, je voudrais que ce fût près de vous.

Rien de nouveau, les travaux et les affaires vont assez bien. Je ne puis malheureusement rien préparer comme je l'aurais voulu pour vos distractions ; le mal me retient tout le jour. Je ne désirais vous offrir que quelques visites dans Paris et quelques loges aux bons théâtres. Vous serez auprès de mon lit, et le soir auprès du feu, que c'est triste !

Adieu, adieu, adieu. Je ne pourrai peut-être même pas aller le 14, à 4 heures, au devant de vous, parce que c'est l'heure de la grosse fièvre. Mais j'y enverrai. Vite un mot.

Mme de Cessiat et Valentine arrivèrent à Paris le 14 mars et y restèrent un mois. Quelques jours après leur retour à Mâcon, Lamartine écrivit la lettre qui suit, et qui clôture cette correspondance, car, à partir de l'année suivante, Valentine passa désormais les hivers à Paris chez les Lamartine, ainsi que le faisaient jadis les jumelles.

Samedi, 23 avril.

Ta lettre nous a consolé, c'est quelque chose de savoir ceux qu'on aime arrivés sans désagréments et sans fatigues sous leur toit, et couchés dans un bon lit, le cœur au ciel et leur chien sous leurs pieds. J'espère qu'une autre fois ta maman me remettra les prévisions du voyage, et toi ta confiance absolue.

Nouvelles. — J'ai acheté ce matin deux chevaux de selle médiocres, mais campagnards. Je crois que j'achèterai aussi un petit poney breton, gros comme un âne et fort comme un éléphant, tout cela part mardi ou mercredi.

Autre nouvelle. — M. Marx te ramène un chien époux de Lolotte, digne d'elle ; il est depuis deux jours sur mon lit. C'est un caractère attachant, gai, vif, charmant, aimable, il est zébré de noir et de blanc, un vrai Jacob de la tribu de ta chamelle. Je le prépare à la vie de famille. Il m'adore, et toute la maison en raffole.

Autre nouvelle. — Mon livre va horriblement mal, personne ne répond aux annonces et aux circulaires. Tous mes rêves sont évanouis sur cette opération si nécessaire, c'est à en pleurer, si les écrits valaient des larmes. Inanité du travail humain ! Dieu sait pourtant que je travaillais pour devenir libre de me consacrer entièrement à lui. Hélas ! hélas ! hélas ! J'espère que cela ira mieux plus tard.

Adieu, adieu, adieu, voilà Chamborand qui vient me chercher pour aller arrêter mon choix sur des chevaux, il t'aime bien ; les Dargaud reviennent fortement à toi, on les dégoûte par trop de préventions blessantes. Le salon est de plus en plus plein. Tendresses.

FIN

TABLE DES MATIÈRES

	Pages.
Avant-propos	I
1842	1
1843	18
1844	39
1845	49
1846	70
1847	93
1848	114
1849	154
1850	173
1851	185
1852	197
1853	206
1854	217

Cet ouvrage

a été achevé d'imprimer sur les presses

de la

LIBRAIRIE PLON

le 23 janvier 1928.

9 782329 564388